Dr. Donald J. Clark

Paranoide Persönlichkeitsstörung

Der ultimative Leitfaden für Ehepartner zum Überwinden paranoider und misstrauischer Gedanken, zum Verständnis der Symptome, der Behandlung und der Vorbeugung von PPD

Inhalt

Echte Geschichten von Menschen, die PPD
überwunden haben

Vorwort

Paranoide Persönlichkeitsstörung verstehen: Eine Reise voller Mitgefühl und Heilung

In der komplexen Landschaft des menschlichen Geistes liegt ein Spektrum an Emotionen, Verhaltensweisen und Denkmustern, die unsere Individualität prägen. Diese Vielfalt kann zwar eine Quelle der Verwunderung und Faszination sein, sie kann aber auch erhebliche Herausforderungen mit sich bringen, insbesondere wenn psychische Probleme im Spiel sind. Zu diesen Herausforderungen gehört die paranoide Persönlichkeitsstörung (PPD), eine Erkrankung, die im Bereich der psychischen Gesundheit einen einzigartigen und oft missverstandenen Platz einnimmt. Es ist eine Störung, die einen langen Schatten auf die Leben wirft, die sie berührt, und die nicht nur die diagnostizierten Personen, sondern auch ihre Angehörigen betrifft.

Als Autor dieses Ratgebers „Paranoide Persönlichkeitsstörung: Der ultimative Leitfaden für

Ehepartner zum Überwinden paranoider und misstrauischer Gedanken, zum Verstehen der Symptome, zur Behandlung und zur Vorbeugung von PPD" stehe ich, Dr. Donald J. Clark, vor Ihnen mit der aufrichtigen Verpflichtung, das Leben der von PPD Betroffenen positiv zu beeinflussen. Diese Reise zum Verständnis und zur Behandlung von PPD ist für mich zutiefst persönlich, inspiriert von dem Wunsch, Licht auf einen Zustand zu werfen, der oft in Dunkelheit gehüllt ist, und angetrieben von der Hoffnung, eine Transformation und Heilung zu ermöglichen.

Die Bedeutung des Verständnisses der paranoiden Persönlichkeitsstörung

Bevor wir uns mit den umfassenden Erkenntnissen und praktischen Strategien dieses Leitfadens befassen, ist es wichtig, die Bedeutung des Verständnisses von PPD zu erkennen. Psychische Gesundheitsprobleme machen keine Unterschiede aufgrund des Geschlechts, doch die Art und Weise, wie sie sich manifestieren, kann von kulturellen, sozialen und geschlechtsspezifischen Normen beeinflusst werden. Dieser Leitfaden untersucht PPD im Bewusstsein, dass sowohl Männer als auch Frauen mit einzigartigen

Herausforderungen konfrontiert sein können, wenn es darum geht, psychische Störungen zu erkennen, zu behandeln und Hilfe zu suchen.

Indem wir PPD aus dieser differenzierten Perspektive betrachten, möchten wir ein Thema beleuchten, das lange Zeit durch gesellschaftliche Erwartungen und Missverständnisse verdeckt wurde. Das Verständnis von PPD ist nicht nur für die direkt Betroffenen von entscheidender Bedeutung, sondern auch für ihre Ehepartner und Angehörigen, die auf dem Weg zur Heilung und Genesung eine entscheidende Rolle spielen.

Meine persönliche Reise: Eine kurze Einführung in den Autor

Jede Erkundung des Bereichs der psychischen Gesundheit wird durch die persönlichen Erfahrungen und Motivationen des Betreuers bereichert. Gestatten Sie mir, mich vorzustellen und den persönlichen Faden zu teilen, der sich durch das Gewebe dieses Buches zieht.

Mein Name ist Dr. Donald J. Clark und mein Weg in den Bereich der psychischen Gesundheit wurde sowohl durch berufliche als auch persönliche Erfahrungen geprägt. Mein Weg wurde maßgeblich durch den Kampf eines engen Freundes mit PPD beeinflusst. Als ich Zeuge ihres Kampfes wurde und die Komplexität von Diagnose, Behandlung und Genesung bewältigte, entfachte sich in mir die Leidenschaft, mich auf das Verständnis und die Unterstützung von Menschen mit PPD zu spezialisieren.

In diesem Buch finden Sie eine Mischung aus professionellen Erkenntnissen und persönlichen Anekdoten aus der mutigen Reise meines Freundes. Diese Synthese aus Fakten und gelebten Erfahrungen bildet die Grundlage für ein ganzheitliches Verständnis von PPD, seinen Auswirkungen und den Schritten zur Rehabilitation.

Ein Leuchtfeuer der Hoffnung und ein Plan zur Heilung

Dieses Handbuch ist mehr als eine Zusammenstellung klinischer Erkenntnisse; es ist ein Hoffnungsschimmer für diejenigen, die im Labyrinth von Paranoia, Misstrauen und Angst gefangen sind. Es bietet praktische Ratschläge, mitfühlendes Verständnis und umsetzbare Strategien, die Ehepartner und Einzelpersonen dabei unterstützen sollen, die Herausforderungen der PPD zu meistern. Wenn Sie diese Seiten umblättern, werden Sie nicht nur die Feinheiten der paranoiden Persönlichkeitsstörung entdecken, sondern auch einen Leitfaden zur emotionalen Heilung und Wiederherstellung der Beziehung.

Dieses Buch ist ein Beleg für die transformative Kraft von Wissen, Empathie und unerschütterlichem Engagement für Veränderungen. Es dient als Leitfaden für Menschen, die von PPD betroffen sind, und bietet Werkzeuge, um Vertrauen, Intimität und emotionales Wohlbefinden in Beziehungen zu fördern.

Gemeinsam auf der Reise

Lassen Sie uns diese Reise gemeinsam antreten, ausgestattet mit dem Wissen, den Techniken und der Empathie, die erforderlich sind, um der paranoiden Persönlichkeitsstörung direkt entgegenzutreten. Egal, ob Sie ein Ehepartner sind, der versucht, seinen Partner zu verstehen und zu unterstützen, ein geliebter Mensch, der nach Antworten sucht, oder jemand, der selbst mit der PPD zu kämpfen hat, dieser Leitfaden bietet Erleuchtung, Hoffnung und einen Weg nach vorne.

Abschließend lade ich Sie ein, gemeinsam mit mir die Komplexität der PPD zu entschlüsseln, die Tiefen dieser Erkrankung zu erforschen und Strategien zu entdecken, die zu Heilung und Genesung führen können. Möge dieses Buch Ihr Kompass sein, der Sie zu Verständnis, Empathie und der Wiederbelebung von Liebe und Vertrauen führt.

Dr. Donald J. Clark

Teil eins

Die Geheimnisse der paranoiden Persönlichkeitsstörung enthüllen

In diesem Abschnitt wird PPD definiert, seine Ursachen untersucht und von anderen Störungen abgegrenzt. Es werden die Auswirkungen auf Beziehungen untersucht, Bewältigungsstrategien angeboten und zwischen natürlichem Misstrauen und Paranoia unterschieden. Unser Ziel ist es, PPD zu beleuchten und den Betroffenen Anleitung zu geben.

Kapitel 1

Was genau kennzeichnet die paranoide Persönlichkeitsstörung?

Die Paranoide Persönlichkeitsstörung ist eine psychische Erkrankung, die durch anhaltende Paranoia sowie Gefühle von Misstrauen und Argwohn gegenüber anderen gekennzeichnet ist. Historisch betrachtet wurden Persönlichkeitsstörungen eher als erblich bedingte als als behandelbare psychische Erkrankungen angesehen. Persönlichkeitsstörungen hingegen werden heute als Teil des Spektrums psychischer Erkrankungen anerkannt, die wirksam behandelt werden können.

Menschen mit einer paranoiden Persönlichkeitsstörung haben häufig das Gefühl, dass jemand versucht, ihnen Schaden zuzufügen. Die Krankheit wird diagnostiziert, wenn die Paranoia beginnt, die Karriere oder das Privat- oder Sozialleben der Person ernsthaft zu beeinträchtigen.

Die paranoide Persönlichkeitsstörung ist durch eine maladaptive Reaktion auf Stress und Lebensereignisse gekennzeichnet, die das Bewältigungsverhalten des Betroffenen sowie die Art und Weise beeinflusst, wie er seine Umgebung wahrnimmt und interpretiert.

Männer sind häufiger von einer paranoiden Persönlichkeitsstörung betroffen als Frauen. Langfristiges und weitverbreitetes Misstrauen und Argwohn gegenüber Personen und ihren Motiven beeinträchtigt die Fähigkeit einer Person, soziale und zwischenmenschliche Bindungen aufzubauen oder aufrechtzuerhalten.

Wann beginnt eine paranoide Persönlichkeitsstörung?

Bei Menschen mit paranoider Persönlichkeitsstörung entwickeln sich Symptome und Anzeichen der Erkrankung häufig in der späten Adoleszenz oder im frühen Erwachsenenalter.

Wer ist von der paranoiden Persönlichkeitsstörung betroffen?

Insgesamt deuten Forschungsergebnisse darauf hin, dass bei Personen, die bei der Geburt als weiblich eingestuft wurden (AFAB), die Wahrscheinlichkeit einer paranoiden Persönlichkeitsstörung (PPD) höher ist, bei Personen, die bei der Geburt als männlich eingestuft wurden (AMAB), ist dies jedoch weniger wahrscheinlich.

Menschen, die an PPD leiden, sind anfälliger für:

Leben Sie in einem Haushalt mit geringem Einkommen.

Sie identifizieren sich möglicherweise als Afroamerikaner, amerikanischer Ureinwohner oder Hispanoamerikaner.

Sie sind möglicherweise verwitwet, geschieden, getrennt lebend oder unverheiratet.

Um zu verstehen, warum diese Risikofaktoren mit PPD in Zusammenhang stehen und welchen Einfluss Stress und Traumata auf die Entwicklung dieser Person haben, sind weitere Studien erforderlich.

Wie häufig kommt die paranoide Persönlichkeitsstörung vor?

Eine paranoide Persönlichkeitsstörung ist ungewöhnlich. Laut Forschung sind zwischen 0,5 % und 4,5 % der US-Bevölkerung davon betroffen.

Ursachen der paranoiden Persönlichkeitsstörung.

Die Ursachen für diese Erkrankung sind nicht bekannt. Genetik, familiäre Einflüsse und traumatische Lebensereignisse können jedoch bei der Entwicklung der Krankheit eine Rolle spielen. Paranoide Persönlichkeitsstörungen können in Familien auftreten, in denen psychotische Erkrankungen wie Schizophrenie in der Vorgeschichte vorkommen.

Was sind die Anzeichen einer paranoiden Persönlichkeitsstörung?

Menschen mit paranoider Persönlichkeitsstörung (PPD) sind ständig in Alarmbereitschaft und glauben, dass andere versuchen, sie zu demütigen, zu verletzen oder zu bedrohen. Ihre Fähigkeit, sinnvolle oder sogar funktionierende Beziehungen aufzubauen, wird durch diese oft ungenauen Annahmen sowie ihre

Schuldzuweisungs- und Misstrauenstendenzen beeinträchtigt. Menschen, die an PPD leiden, haben ihre sozialen Aktivitäten drastisch reduziert.

Menschen mit PPD stehen der Hingabe, Loyalität und Ehrlichkeit anderer möglicherweise skeptisch gegenüber, weil sie befürchten, ausgenutzt oder betrogen zu werden.

Sie zögern, anderen zu vertrauen oder persönliche Informationen preiszugeben, weil sie befürchten, dass diese gegen sie verwendet werden könnten.

Seien Sie nachtragend und unversöhnlich.

Reagieren Sie sehr empfindlich und unhöflich auf Kritik.

Interpretieren Sie kleine Hinweise in den netten Kommentaren oder dem entspannten Auftreten anderer.

Sie spüren Angriffe auf ihren Charakter, die andere nicht sehen können.

Sie haben ständig und ohne Grund die Befürchtung, dass ihr Ehe- oder Lebenspartner untreu ist.

Um zu verhindern, dass sie getäuscht werden, entwickeln sie möglicherweise ein kühles und distanziertes Verhältnis zu anderen sowie Kontrollsucht und Eifersucht.

Sie weigern sich, ihre Rolle in Krisen oder Konflikten einzugestehen, weil sie glauben, immer im Recht zu sein.

Habe Schwierigkeiten, mich zu entspannen.

Seien Sie kämpferisch, stur und streitlustig.

Gemeinsamkeiten:

Die meisten Menschen mit paranoider Persönlichkeitsstörung haben das Gefühl, dass andere ihnen absichtlich schaden wollen. Sie hinterfragen ständig die Absichten und Integrität anderer und suchen nach Hinweisen darauf, dass jemand versucht, ihnen wehzutun.

Manche Betroffene sind unfreundlich, distanziert oder aggressiv. Betroffene haben oft keinen Humor. Lob und Kritik können sie auch missverstehen.

Möglicherweise leiden sie auch an anderen psychischen Störungen, darunter Angstzustände und Depressionen.

Welche Faktoren führen zu einer paranoiden Persönlichkeitsstörung?

Die genaue Ätiologie der paranoiden Persönlichkeitsstörung (PPD) ist unklar, sie wird jedoch höchstwahrscheinlich durch eine Mischung aus Umwelt- und biologischen Variablen verursacht.

Studien zufolge tragen emotionale und körperliche Vernachlässigung in der Kindheit sowie Vernachlässigung durch Aufsichtspersonen zur Entstehung einer PPD in der Adoleszenz und im frühen Erwachsenenalter bei.

Früher gingen Forscher davon aus, dass zwischen Schizophrenie, schizotypischer Persönlichkeitsstörung und PPD ein genetischer Zusammenhang besteht. Eine aktuelle Studie ergab jedoch, dass dieser Zusammenhang geringer ist als bislang angenommen.

Diagnose

Die Diagnose paranoides Denken bei einem Patienten zu klären, ist ein wichtiger erster Schritt in der Behandlung, mit Konsequenzen für Prognose, Therapie und medizinrechtliche Fragen, einschließlich Zwangsbehandlung oder strafrechtlicher Verantwortlichkeit. Die DSM-IV-TR-Kriterien für paranoide Persönlichkeitsstörungen (American Psychiatric Association 2000) wurden kritisiert, weil sie die normalen emotionalen und zwischenmenschlichen Merkmale der Krankheit nicht erfassen, die ein vollständigeres Bild der typischen Erscheinungsform der Erkrankung bieten.

Die Diagnose basiert auf langfristigen Beweisen, dass maladaptive Komponenten von Emotionen, Denken und Verhalten bestehen bleiben, ähnlich wie bei anderen Persönlichkeitsstörungen. Daher sind ergänzende Daten erforderlich, um nachzuweisen, dass die Merkmale nicht auf bestimmte Situationen (wie therapeutische Interaktionen) beschränkt sind, sondern während der gesamten Adoleszenz oder des frühen Erwachsenenalters bestehen bleiben.

Was sind die Symptome einer paranoiden Persönlichkeitsstörung?

diagnostizieren Ärzte eine paranoide Persönlichkeitsstörung (PPD) oft erst mit 18 Jahren.

Persönlichkeitsstörungen wie PPD sind schwer zu diagnostizieren, da sich die meisten Menschen mit diesen Krankheiten ihres ungewöhnlichen Verhaltens oder ihrer ungewöhnlichen Denkweise nicht bewusst sind.

Wenn sie eine Behandlung suchen, dann meist wegen Symptomen, die durch ihre Persönlichkeitsstörung verursacht werden, wie etwa Angstzustände oder Depressionen aufgrund einer Scheidung oder zerbrochener Beziehungen, und nicht wegen der Erkrankung selbst.

Wenn ein Psychologe oder Psychiater bei einem Patienten eine paranoide Persönlichkeitsstörung diagnostiziert, stellt er häufig allgemeine Fragen, die keine Abwehrreaktion oder feindselige Atmosphäre hervorrufen. Er stellt eingehende Fragen zu Ihrem Hintergrund, Ihren Verbindungen und Ihrer Berufserfahrung.

- Reality-Check.
- Impuls Kontrolle.

Psychiater und Psychologen diagnostizieren paranoide Persönlichkeitsstörungen anhand der Kriterien des Diagnostic and Statistical Manual of Mental Disorders der American Psychiatric Association.

Gibt es weitere Erkrankungen, die mit der paranoiden Persönlichkeitsstörung in Zusammenhang stehen?

Ja, 75 % der Personen mit paranoider Persönlichkeitsstörung (PPD) haben eine andere Persönlichkeitsstörung. Die häufigsten Persönlichkeitsstörungen, die zusammen mit PPD auftreten, sind unten aufgeführt:

- Die Borderline-Persönlichkeitsstörung (BPS) ist durch Vermeidung gekennzeichnet und weist Ähnlichkeiten mit der antisozialen Persönlichkeitsstörung (ASPD) auf.

Menschen mit PPD neigen außerdem häufiger als die Allgemeinbevölkerung zu Drogensucht und Panikattacken.

Im Folgenden sind die wahrscheinlichsten Alternativdiagnosen aufgeführt.

Normalität

Bei der Diagnose eines Patienten mit Querschnittsmerkmalen, die auf eine paranoide Persönlichkeitsstörung hindeuten, sollte immer eine normale Reaktion auf ungewöhnliche Ereignisse untersucht werden. Im Allgemeinen können Persönlichkeitsstörungen als übermäßige, fehlangepasste Varianten gemeinsamer Merkmale betrachtet werden. Die Dimensionsanalyse scheint im Gegensatz zur Kategorieanalyse besonders für paranoides Denken geeignet zu sein: „Die Paranoia einer Person ist die vernünftige Vorsicht einer anderen Person und das Vertrauen einer Person ist die Leichtgläubigkeit einer anderen Person ... Normales Wachstum beinhaltet die Anerkennung, dass „nicht jeder, der vertrauenswürdig erscheint, auch vertrauenswürdig ist" (Blaney, Millon , Blaney und Davis Blaney 1999: S. 343).

Misstrauen kann in manchen Kontexten adaptiv sein, aber die Entscheidung, wie viel zwischenmenschliches Vertrauen in einer bestimmten Situation angemessen ist, kann ein „schwieriges Urteilsproblem" sein (Kramer 1998). Angehörige von Minderheitengruppen können beispielsweise Abwehrargumente verwenden, die im breiteren sozialen Kontext legitim sind und nicht auf eine psychische Erkrankung hindeuten.

Eine epidemiologische Studie einer neuseeländischen Bevölkerungsstichprobe ergab, dass 12,6 % zumindest einige paranoide Merkmale aufwiesen (Reference Poulton, Caspi und MoffittPoulton 2000), und fast die Hälfte der amerikanischen College-Studenten berichtet von paranoiden Denkerfahrungen (Reference Ellett , Lopes und ChadwickEllett 2003). Infolgedessen empfinden viele Menschen von Zeit zu Zeit Misstrauen und Argwohn, aber diese Gefühle sind nicht ungewöhnlich, da sie vorübergehend, anpassungsfähig und nicht sehr störend sind.

Daher ist therapeutisch relevantes paranoides Denken am besten als eine vereinfachte Version eines weit verbreiteten und adaptiven psychologischen Prozesses zu betrachten, der in seiner natürlichen Form einen evolutionären Vorteil bietet, indem er andere auf potenzielle Risiken für einen selbst aufmerksam macht. Konzeptionelle Modelle, die Kontinuität (und nicht Gleichwertigkeit) mit der Normalität betonen, sind möglicherweise wirksamer, um Menschen mit paranoider Persönlichkeitsstörung in die Behandlung einzubinden.

Verschiedene Arten von Persönlichkeitsstörungen.
Die klinischen Symptome einiger Persönlichkeitsstörungen können denen einer paranoiden Persönlichkeitsstörung ähneln.
Schizoide Persönlichkeitsstörung.
Die schizoide Persönlichkeitsstörung ist durch soziale Distanzierung gekennzeichnet. Personen mit dieser Störung hingegen sind anderen gegenüber gleichgültig und vermeiden lieber den Kontakt mit ihnen, als ihnen zu

misstrauen, wie bei der paranoiden Persönlichkeitsstörung.

Schizotypie ist eine Persönlichkeitsstörung.

Diese Erkrankung ist durch mangelndes Vertrauen in andere gekennzeichnet, weist aber auch erhebliche kognitive und logische Defizite auf, die sich von denen bei der paranoiden Persönlichkeitsstörung unterscheiden.

Eine Persönlichkeitsstörung, die durch Vermeidung gekennzeichnet ist.

Die vermeidende Persönlichkeitsstörung ist wie die paranoide Persönlichkeitsstörung durch ein gewisses Misstrauen gegenüber anderen und einen daraus resultierenden sozialen Rückzug gekennzeichnet. Allerdings ist die vermeidende Person viel weniger bereit, Böswilligkeit in anderen zu erkennen. Ihr Problem ist ein Mangel an Selbstvertrauen und die Überzeugung, dass sie in sozialen Situationen unzureichend abschneiden wird.

Eine Persönlichkeitsstörung, die durch Narzissmus gekennzeichnet ist.

Die narzisstische Persönlichkeitsstörung ist durch ein überwältigendes Anspruchs- und Größengefühl gekennzeichnet. Unter Stress können jedoch paranoide Symptome auftreten, die auf eine paranoide Persönlichkeitsstörung hinweisen (Young, Klosko und Weishaar Young 2003).

Antisoziales Verhalten ist eines der Merkmale von Persönlichkeitsstörungen.

Die andauernde Verletzung der Rechte anderer ist ein Kennzeichen der antisozialen Persönlichkeitsstörung. Personen mit paranoider Persönlichkeitsstörung können anderen im Namen der Rache oder als Präventivschlag Schaden zufügen. Es kann jedoch schwierig sein, zwischen den nachträglichen Entschuldigungen antisozialer Menschen für zwischenmenschlich schädliches Verhalten und wirklich paranoiden Gedanken über die böswilligen Absichten der Opfer zu unterscheiden.

Persönlichkeitsstörung mit Borderline-Ausprägungen.

Personen mit Borderline-Persönlichkeitsstörung können stressbedingte paranoide Gedanken und Wutanfälle haben, doch im Gegensatz zu Personen mit paranoider Persönlichkeitsstörung halten diese Symptome möglicherweise nicht an.

Begleiterkrankungen.

Bei mehr als der Hälfte der Fälle von paranoider Persönlichkeitsstörung und anderen Persönlichkeitsstörungen liegt eine Komorbidität vor (Widiger , Trull, Widiger , Frances und Pincus Widiger 1998). Bei forensischen Patienten kommt die antisoziale Persönlichkeitsstörung häufig zusammen mit der paranoiden Persönlichkeitsstörung vor.

Angst vor sozialen Interaktionen.

Obwohl bei Patienten mit paranoider Persönlichkeitsstörung zunächst Angstsymptome auftreten können, wird ein vollständiger Geisteszustandstest die zugrunde liegenden Merkmale aufdecken. Es gibt einige Überschneidungen mit Angststörungen wie sozialer Phobie und sozialer Angst, da beide zu sozialer Distanzierung und Sorge darüber führen können, wie andere Sie sehen. Der wichtige Unterschied besteht darin, dass die paranoide Persönlichkeitsstörung eher durch die Überzeugung gekennzeichnet ist, dass schlechte Menschen darauf aus sind, sich selbst zu verletzen, als durch die Angst vor unangenehmen zukünftigen Ereignissen oder öffentlicher Kontrolle. Einer Studie zufolge (Reference Reich und Braginsky , 1994) leiden mehr als die Hälfte der Personen, bei denen eine paranoide Persönlichkeitsstörung diagnostiziert wurde, auch an einer Panikstörung.

Depression

Die Beziehung zwischen Stimmung und paranoidem Denken ist komplex. Depressive Erkrankungen können paranoide Symptome hervorrufen, manchmal mit der zugrunde liegenden Überzeugung, dass die Verfolgung anderer gerechtfertigt ist: Dies wird als „Bad-Me-Paranoia" bezeichnet (Chadwick, Trower und Juusti - Butler, 2005). Eine umfassende Längsschnittanamnese wird zwischen den Störungen unterscheiden; wenn offensichtliche Symptome und Hinweise auf eine depressive Erkrankung vorliegen, müssen diese energisch behandelt werden, bevor eine schlüssige Diagnose einer paranoiden Persönlichkeitsstörung gestellt werden kann.

Wahnhafter Zustand.

In der Praxis ist die schwierigste Differentialdiagnose die Wahnerkrankung. Die paranoide Persönlichkeitsstörung ist durch das Fehlen chronischer psychotischer Symptome gekennzeichnet, während die Wahnstörung durch anhaltende, nicht bizarre Wahnvorstellungen ohne andere Anzeichen einer

Geisteskrankheit gekennzeichnet ist. Dieses Paradoxon wirft jedoch die Frage auf, wie man zwischen Illusionen und tief verwurzelten, einzigartigen (auch als „überbewertete") Ideen unterscheiden kann. Ein wichtiger Unterschied besteht im Ausmaß der Beeinträchtigung der Realitätsprüfung: Bei der paranoiden Persönlichkeitsstörung können die Betroffenen zumindest die Möglichkeit in Betracht ziehen, dass ihre Vermutungen unbegründet sind oder dass sie überreagieren, während die Wahnstörung wahrscheinlich gerechtfertigt ist, wenn sie mit unerschütterlicher Überzeugung an Verfolgungsvorstellungen festhalten, was weitreichende Auswirkungen auf das Verhalten hat (Skodol , Oldham, Skodol und Bender-Skodol 2005). Erschwerend kommt hinzu, dass sich die Wahnstörung im Zusammenhang mit einer sensiblen, paranoiden Persönlichkeit allmählich entwickeln oder durch ein belastendes Erlebnis ausgelöst werden kann, obwohl dies nicht immer der Fall ist (Blaney, Millon , Blaney und Davis, 1999).

In Wirklichkeit sind sich Psychiater und Psychologen in bestimmten Fällen oft nicht einig, und die Genauigkeit, mit der paranoides Verhalten diagnostiziert werden kann, muss erst noch objektiv nachgewiesen werden (Haynes

1986). Und obwohl sich beide Störungen genetisch von der Schizophrenie zu unterscheiden scheinen (Asarnow , Nuechterlein und Fogelson, 2001; Cardno und Mcguffin , 2006), ist es genetischen Studien nicht gelungen, zwischen Wahnvorstellungen und paranoider Persönlichkeitsstörung zu unterscheiden (Winokur , 1985).

Diese diagnostische Frage ist Teil einer größeren Debatte über die Grenzen der Psychose sowie des Wiederauflebens der Vorstellung, dass psychotische Symptome als dimensionale Phänomene auf einem Kontinuum mit normalen Erfahrungen betrachtet werden sollten (Claridge und Claridge 1997; van Os , Hanssen und Bijlvan Os 2000; Bentall und Taylor 2006).

Strauss' wegweisende Arbeit (1969) bot vier Kriterien für das Erreichen der Schwelle einer klinischen psychotischen Störung:

- Vertrauen, dass das spektakuläre Ereignis real ist.
- das Ausmaß, in dem Kultur und Reize das Erlebnis beeinflussen.
- Wie viel Zeit wurde für das Erlebnis aufgewendet.

- Die Unmöglichkeit der Erfahrung.

Andere (Claridge und ClaridgeClaridge 1997) haben betont, dass der wichtigste Unterschied nicht in der Intensität der Symptome liege, sondern in ihrem Einfluss auf die alltäglichen Bewältigungsfähigkeiten, d. h. in der Funktionsbeeinträchtigung, die sie verursachen.

Der Unterschied ist schwer zu definieren, und seine therapeutischen Implikationen gehen über das akademische Interesse hinaus. Außer bei schwerer Dekompensation sind Menschen mit Persönlichkeitsstörungen selten gute Kandidaten für eine Zwangsbehandlung, und wenn ihr Verhalten zu Straftaten führt, ist es unwahrscheinlich, dass sie aufgrund fehlender strafrechtlicher Schuld strafrechtlich verteidigt werden können. Menschen mit Wahnvorstellungen hingegen können Anspruch auf eine Zwangsbehandlung haben und vor strafrechtlicher Verfolgung geschützt sein, wenn sie aufgrund ihrer Krankheit eine Tat begehen (Bronitt et al., 2005).

Obwohl dieser Unterschied nie offensichtlich sein wird, können eine sorgfältig dokumentierte Krankengeschichte und Chronologie der paranoiden Gedanken des Patienten sowie eine umfassende Beurteilung seines Geisteszustands hilfreich sein.

Andere Arten von psychotischen Erkrankungen

Schizophrene Störungen müssen in die Differentialdiagnose der paranoiden Persönlichkeitsstörung einbezogen werden; das Vorhandensein anhaltender psychotischer Symptome und anderer Indikatoren für Schizophrenie verdeutlicht normalerweise den Unterschied. Andere psychische Störungen, die paranoide Symptome verursachen können, sind:

- chronische organische Psychosen, einschließlich solcher, die durch Demenz verursacht werden;
- Substanzbedingte Psychosen: Menschen mit paranoider Persönlichkeitsstörung neigen häufiger zum Substanzmissbrauch und zur Entwicklung solcher Krankheiten.

- kurze reaktive Psychosen aufgrund akuter Stressfaktoren: Es können Komorbiditäten auftreten und eine paranoide

Persönlichkeitsstörung kann die Anfälligkeit für solche kurzen psychotischen Episoden erhöhen (Miller, Useda , Trull, Adams und Sutker Miller 2001), insbesondere im Zusammenhang mit akutem Stress, wie etwa bei Gefängnisaufenthalten, Migration oder Einberufung zum Militär.

Psychologische Verfahren

Das Verständnis paranoider Wahrnehmung und Verhaltensweisen im Allgemeinen kann Ärzten helfen, Menschen mit paranoider Persönlichkeitsstörung besser zu verstehen und zu behandeln. Auch wenn sich die meisten vorgeschlagenen Modelle auf einen einzigen Prozess konzentriert haben, scheinen mehrere kognitive, verhaltensbezogene und soziale Prozesse beteiligt zu sein, die interagieren und sich gegenseitig verstärken. Daher sollten die unten diskutierten Mechanismen (basierend auf Studien mit Teilnehmern mit einer Vielzahl paranoider Störungen) als Beschreibungen verschiedener möglicher alternativer Wege zur Paranoia interpretiert werden, wobei sich die relative Bedeutung jedes einzelnen im Laufe der Zeit zwischen und innerhalb von Individuen ändert, und nicht als exklusive, konkurrierende Theorien.

Verzerrungen in der Wahrnehmung

Menschen mit paranoidem Denken haben eine externalisierende, persönliche Attributionsverzerrung, die dazu führt, dass sie andere für unangenehme Ereignisse in ihrem Leben verantwortlich machen, anstatt ihren eigenen möglichen Beitrag zur Situation zu untersuchen (Bentall, Corcoran und Howard Bentall 2001; Bentall und Taylor 2006). Die typische eigennützige Voreingenommenheit, bei der anderen Menschen negative Dinge zugeschrieben werden, wird durch Vorurteile gegenüber anderen Menschen und deren wahrgenommene Böswilligkeit verstärkt und verzerrt.

Eine ähnliche Tendenz besteht darin, Kontextinformationen bei der Erklärung negativer Ergebnisse nicht ausreichend zu nutzen (Gilbert, Pelham und KrullGilbert 1988).

Laut Bentall und Taylor Bentall (2006) ist Attributionsbias eine psychologische Abwehrreaktion gegen ein unterschwellig geringes Selbstwertgefühl, das auftritt, wenn das positive Selbstbild einer Person in Zweifel gezogen wird. Obwohl es einige Hinweise darauf gibt, dass

Menschen mit Paranoia sowohl in klinischen als auch in nicht-klinischen Populationen ein geringes Selbstwertgefühl haben (Martin und Penn, 2001; Ellett , Lopes und Chadwick, 2003; Combs und Penn, 2004), ist die Verbindung zwischen Selbstwertgefühl, paranoiden Gedanken und Verhalten kompliziert.

Wie bereits erwähnt, gibt es Hinweise darauf, dass Untergruppen mit besonders geringem Selbstwertgefühl und schlechter Stimmung das Gefühl haben, ihre wahrgenommene Verfolgung sei gerechtfertigt – „schlechtes-Ich-Paranoia" (Chadwick, Trower und Juusti - Butler 2005). In solchen Fällen kann die scheinbare Verteidigung durch externe Schuldzuweisungen nur bedingt hilfreich sein, um traurige Gefühle zu vermeiden.

Einflussfaktoren bei der Informationsverarbeitung

Kontextuelle, situative Attributionen erfordern oft mehr Informationen und kognitive Ressourcen als externe, persönliche Attributionen. Wenn die kognitive Belastung zunimmt, bevorzugen Menschen externe, persönliche, „paranoide" Attributionen als Standardalternative (Gilbert, Pelham & Krull, 1988). Dies könnte mit der postulierten Beziehung zwischen paranoiden Erkrankungen und

Hirnschäden zusammenhängen (Munro, 1988). Ebenso werden Wahrnehmungsdefekte, die den Zugang zu wichtigen sozialen Informationen einschränken, insbesondere vermindertes Hörvermögen, seit langem mit einem erhöhten Risiko paranoider Denkweisen in Verbindung gebracht (Thewissen , Myin-Germeys und Bentall, 2005).

Kleinere Funktionsdefizite, die die sozialen Fähigkeiten beeinträchtigen, werden ebenfalls mit Paranoia in Verbindung gebracht. Soziale Ängste und subklinische Paranoia werden mit emotionalen und sozialen Wahrnehmungsstörungen in Verbindung gebracht (Combs und Penn, 2004).

Defizite in der „Theory of Mind", also der Fähigkeit, die Absichten und Geisteszustände anderer zu verstehen (Kinderman , Dunbar und Bentall-Kinderman 1998), stehen ebenfalls mit paranoider Denkweise in Verbindung. Dies könnte es schwieriger machen, ungünstige soziale Erfahrungen situativen (und nicht persönlichen) Faktoren zuzuschreiben, da die Unfähigkeit, den Standpunkt einer anderen Person zu verstehen, zu verstärkten Personalisierungen führen kann . Wenn beispielsweise ein Kollege die Straße entlanggeht, ohne ihn zu grüßen, könnte das Nichterkennen, dass der Kollege möglicherweise unter Stress litt (eine situative Attribution), die persönliche Attribution verstärken, dass der Kollege unangenehm ist.

Paranoide Menschen scheinen unter einer Aufmerksamkeitsverzerrung zu leiden, die sie dazu veranlasst, bedrohungsbezogene Informationen wahrzunehmen und sich daran zu erinnern (und auf diese Weise über sie nachzugrübeln). Diese Verarbeitungsverzerrung konnte sowohl in klinischen (Reference Garety und FreemanGarety 1999) als auch in nicht-klinischen (Reference Combs und PennCombs 2004) Stichproben nachgewiesen werden.

Zwischenmenschliche Interaktionen.
Bestimmte soziale Situationen können paranoides Denken bei „normalen" Personen verschlimmern. Menschen mit paranoiden Persönlichkeiten neigen unter diesen Umständen eher dazu, abweichendes Verhalten und abweichende Gedanken zu zeigen. Bestimmte soziale Situationen werden laut einem Modell, das auf einer Untersuchung solcher sozialer Auswirkungen basiert (Reference Kramer 1998), eher auf eine Weise beurteilt,

die zu „dysphorischem Selbstbewusstsein" führt, was wiederum zu Hypervigilanz und Grübeln sowie zur Aktivierung paranoider kognitiver Vorurteile und Verhaltensweisen führt. Diese können Gefühle des Selbstbewusstseins verschlimmern und einen Teufelskreis auslösen (Abb. 1). Diese Zyklen sind in den folgenden Situationen wahrscheinlicher:

Das Gefühl, anders zu sein als der Rest der sozialen Gruppe, zum Beispiel aufgrund des Geschlechts, der Hautfarbe oder der Menge an Erfahrungen.

- von anderen mit mehr Einfluss beurteilt zu werden, wie zum Beispiel von erfahrenen Fachkräften.
- Sorge um die eigene soziale Stellung, etwa beim Eintritt in eine neue Organisation.

Andere (Mirowsky und RossMirowsky 1983; HaynesHaynes 1986) haben die Möglichkeit paranoiden Denkens in Situationen wie

- Eine unerwartete soziale Isolation oder ein Verlust.
- Eine erhebliche Störung herkömmlicher sozialer Netzwerke.

- Erfahrungen mit Umständen, in denen erworbene soziale Kompetenzen nutzlos werden können, wie etwa Einwanderung oder Gefängnis.
- Erhebliche Sinnesbeeinträchtigungen.
- Echte Hilflosigkeit und Opferrolle .

Paranoide Persönlichkeitsstörungen sind durch langfristige Merkmale gekennzeichnet, die auch ohne solche Ereignisse offensichtlich sind. Wenn man hingegen versteht, wie solche Ereignisse paranoides Denken auslösen können, hilft das nicht nur dabei, vorherzusagen, wann sich Anzeichen einer paranoiden Persönlichkeitsstörung entwickeln, sondern es unterscheidet auch die paranoide Persönlichkeitsstörung von normalen Reaktionen auf abnormale Umstände.

Paranoia in der Abwärtsspirale

Diese vielen kognitiven, verhaltensbezogenen und sozialen Prozesse können sich gegenseitig verstärken und in fatalen Spiralen zunehmender Paranoia gipfeln. Diese Prozesse können es schwieriger machen, therapeutische Veränderungen durchzuführen.

Menschen mit paranoider Persönlichkeitsstörung zeigen häufig die unten beschriebenen, sich selbst aufrechterhaltenden Verhaltensweisen.

- Oftmals lassen sich Hinweise auf böse Absichten zumindest bei einigen Personen finden, die dann schnell als Bestätigung dafür interpretiert werden, dass die Person mit ihrem Misstrauen „von Anfang an Recht hatte".

Auch wenn die Handlungen anderer harmlos erscheinen, können sie als Vortäuschung oder Betrug angesehen werden.

- Der Beweis von etwas Negativem, etwa dass ein Ehepartner keine Affäre hat, ist logisch unmöglich. Das Fehlen von Beweisen könnte als Hinweis auf eine „Vertuschung" gewertet werden.
- Menschen mit paranoider Persönlichkeitsstörung sind normalerweise sozial zurückgezogen und zeigen im Umgang mit anderen Menschen Hypervigilanz und Misstrauen. Dies kann Menschen davon abhalten, Kontakt zu einer Person aufzunehmen, die an der Krankheit leidet, was

sie unangenehm macht und sie von dieser Person ausschließt. Solche Ereignisse können die Sorgen der Person verschlimmern und ihre Isolation verstärken, wodurch eine selbsterfüllende Prophezeiung entsteht, die als reziproker Determinismus bekannt ist (Haynes 1986).

- Da chronische soziale Distanzierung soziale Interaktionen unterbricht, kann die Weltanschauung einer paranoiden Person gewisse Schwierigkeiten bereiten. Es ist schwierig, aus Erfahrung zu lernen, dass man Menschen vertrauen kann, wenn es keine zwischenmenschliche Bindung gibt.

Infolgedessen kann es schwierig sein, paranoides Denken und Verhalten zu überwinden, was zu einem sich selbst erhaltenden, selbstzerstörerischen Kreislauf führt (Kramer 1998).

Eine Androhung von Gewalt.

Menschen mit paranoider Persönlichkeitsstörung neigen eher zu zwischenmenschlicher Gewalt, weil sie die Handlungen anderer Menschen als feindselig empfinden.

Der Großteil der Studiendaten basiert auf paranoiden Merkmalen, die im Allgemeinen nicht zu einer diagnostizierbaren paranoiden Persönlichkeitsstörung führen und typischerweise in Kombination mit anderen wesentlichen Risikofaktoren auftreten. Obwohl es konvergierende Beweise dafür gibt, dass paranoide Verhaltensweisen zunehmen,

Selbst nach Berücksichtigung antisozialer und Borderline-Störungen haben Querschnittsstudien gezeigt, dass paranoide Persönlichkeitsmerkmale mit einer Vergangenheit sowohl gewalttätigen (Mojtabai 2006) als auch antisozialen (Berman, Fallon und Coccaro Berman 1998) Verhaltens verbunden sind. Ebenso wurden hohe Kriminalitätsraten bei Teenagern mit paranoiden Eigenschaften wie dem Gefühl, misshandelt, schikaniert, betrogen und Gegenstand falscher Gerüchte zu sein, in Verbindung gebracht (Kr).

Eine Metaanalyse nichtklinischer Populationen (Bettencourt, Talley und Benjamin Bettencourt 2006) ergab, dass das Persönlichkeitsmerkmal des häufigen Grübelns, das bei paranoider Persönlichkeitsstörung zu erwarten ist, mit einer Neigung zu aggressivem Verhalten einhergeht, allerdings nur unter provozierenden

Bedingungen. Dies zeigt, dass gewalttätiges Verhalten bei paranoiden Personen einer gewissen Provokation bedarf. Aufgrund ihrer vielfältigen kognitiven und Wahrnehmungsstörungen

Wege zur Gewalt bei Paranoia.

Verzerrungen bei der kognitiven Verarbeitung, der Emotionsregulation und der Verarbeitung sozialer Informationen spielen in aktuellen Aggressionstheorien eine wichtige Rolle (Anderson und Bushman Anderson 2002). Es gibt viele Gründe, warum Menschen mit paranoider Denkweise eher zu Gewalt neigen.

Aufgrund ihres geringen Selbstwertgefühls und ihrer Sensibilität gegenüber ihrem sozialen Status neigen paranoide Menschen möglicherweise dazu, Vergeltungs- und Präventivschläge gegen andere zu verüben (Berman, Fallon & Coccaro Berman, 1998). Sie empfinden die Welt als feindselig und furchteinflößend.

Sie neigen auch eher dazu, misstrauisch und wütend auf vermeintliche Angriffe zu reagieren und über vergangene Verfehlungen anderer nachzugrübeln; solche nachtragenden Neigungen können ihr Gewaltrisiko erhöhen. Darüber hinaus kann die bereits erwähnte

„bösartige Spirale", in der paranoide Personen durch verdächtiges, ungewöhnliches Verhalten leicht Feindseligkeit bei anderen provozieren, die Wahrscheinlichkeit erhöhen, dass sie mit echtem Feindseligkeitsverhalten anderer konfrontiert werden.

Komorbide Störungen sind von entscheidender Bedeutung für die Erkennung und Verringerung des Gewaltrisikos einer paranoiden Person.

Besonders beunruhigend ist die Kombination aus einer paranoiden Tendenz, Menschen als feindselig zu betrachten, und einem Mangel an inneren Hemmungen gegen Gewalt (zum Beispiel als Teil einer antisozialen Persönlichkeitsstruktur) (Blackburn & Coid Blackburn 1999). Wenn bei einer paranoiden Persönlichkeitsstörung eine akute psychische Erkrankung vorherrscht, können aufgrund psychotischer, affektiver oder Angstsymptome verringerte Hemmschwellen für aggressives Verhalten vorliegen (Reference Kennedy, Kemp und Dyer Kennedy 1992).

Zu weiteren negativen Verhaltensweisen, die mit paranoiden Persönlichkeitsmerkmalen in Zusammenhang stehen, zählen Stalking (Mullen, Pathe und Purcell Mullen

2000), Drohungen (MacDonald MacDonald 1963) und übermäßiges Meckern (Mullen und Lester Mullen 2006).

Behandlung der paranoiden Persönlichkeitsstörung

Es liegen keine randomisierten, kontrollierten Studien zu den vorgeschlagenen Behandlungsmethoden für paranoide Persönlichkeitsstörungen vor. Trotzdem sollte die Krankheit nicht als unheilbar angesehen werden, und es besteht weitgehende Übereinstimmung über die grundlegenden Kriterien für die Behandlung der Erkrankung (Gabbard und Gabbard Gabbard 2000; FaginFagin 2004).

Welche Behandlungsmöglichkeiten gibt es bei paranoider Persönlichkeitsstörung?

Personen mit paranoider Persönlichkeitsstörung (PPD) suchen selten von sich aus eine Therapie auf. Normalerweise wird ihnen dies von der Familie, Freunden oder dem Arbeitgeber empfohlen.

PPD wird am häufigsten mit Psychotherapie behandelt, zu der kognitive Verhaltenstherapie (CBT) und dialektische Verhaltenstherapie (DBT) gehören. Bei dieser Art der

Behandlung werden Gespräche mit einem Fachmann geführt, um die Symptome unter Kontrolle zu halten. Die Therapie versucht, wichtige Bewältigungsfähigkeiten wie Vertrauen und Empathie sowie soziale Interaktion, Kommunikation und Selbstwertgefühl zu verbessern.

Menschen mit PPD misstrauen anderen Menschen oft, was für medizinisches Personal eine Herausforderung darstellt, da Vertrauen und Beziehungsaufbau entscheidende Bestandteile der Behandlung sind. Infolgedessen lehnen viele Menschen mit PPD ihren Behandlungsplan ab und stellen sogar die Ziele des Therapeuten in Frage.

Im Allgemeinen empfehlen medizinische Fachkräfte keine Medikamente zur Behandlung von PPD. Wenn die Symptome einer Person schwerwiegend sind oder eine gleichzeitig auftretende psychische Störung wie Angstzustände oder Depressionen vorliegt, können angstlösende, antidepressive oder antipsychotische Medikamente empfohlen werden.

VERHÜTUNG

Ist es möglich, eine paranoide Persönlichkeitsstörung zu vermeiden?

Obwohl sich eine paranoide Persönlichkeitsstörung in den meisten Fällen nicht vermeiden lässt, kann eine Therapie Menschen mit PPD dabei helfen, konstruktivere Wege zu entwickeln, mit auslösenden Gedanken und Ereignissen umzugehen.

Prognose und Ausblick

Wie sind die Prognose und die nächsten Maßnahmen bei einer paranoiden Persönlichkeitsstörung?

Die Prognose (Aussicht) bei paranoider Persönlichkeitsstörung (PPD) hängt weitgehend von der Bereitschaft des Patienten ab, die Behandlung zu akzeptieren und einzuhalten. Unter bestimmten Umständen kann eine Gesprächstherapie helfen, die Paranoia und ihre Auswirkungen auf das Alltagsleben zu reduzieren.

Wenn PPD nicht behandelt wird, kann es die Fähigkeit einer Person, Beziehungen aufzubauen und aufrechtzuerhalten, sowie ihre soziale und berufliche Leistungsfähigkeit beeinträchtigen. Menschen mit PPD geben ihre Arbeit häufiger früh auf als Menschen ohne Persönlichkeitsstörungen.

Darüber hinaus ist PPD einer der zuverlässigsten Marker für gewalttätiges Verhalten im medizinischen Umfeld. Stalking und übermäßige Prozessführung (Klagen) werden ebenfalls mit PPD in Verbindung gebracht.

Grundlegende Ideen

Differentialdiagnose und Komorbidität.

Wie bereits erwähnt, müssen bei der Erkennung und Behandlung einer paranoiden Persönlichkeitsstörung auch alle damit verbundenen Persönlichkeitsstörungen und/oder psychischen Erkrankungen berücksichtigt werden.

Ziele der Therapie

Bernstein et al. (2007) definieren angemessene langfristige Therapieziele als Unterstützung des Patienten bei:

- Akzeptieren und erkennen Sie ihre Verletzlichkeit.
- ihr Wertgefühl verbessern.

- eine vertrauensvollere Haltung gegenüber anderen entwickeln.
- drücken ihre Gefühle verbal aus, anstatt negative Strategien wie die Meidung oder Schikanierung anderer anzuwenden.

Wie bei vielen Persönlichkeitsstörungen sind die Fortschritte wahrscheinlich langsam; manche meinen, es werde mindestens 12 Monate dauern, bis sich der Nutzen der Behandlung feststellen lasse.

Gegenübertragung

Kliniker sollten reflexartige Gegenangriffe vermeiden, da diese fast immer zu Distanz oder Gewalt führen. Stattdessen sollten sie sich davor hüten, das Risiko von Gewalt aufgrund von Selbstüberschätzung oder schlichter Verleugnung zu unterschätzen, insbesondere bei weiblichen Patienten. Sie sollten bei Bedarf direkt und streng sein.

Ablehnung und Autoritätsempfindlichkeit

Es ist möglich, Personen mit paranoider Persönlichkeitsstörung in eine sinnvolle Therapie einzubinden, aber Gewalt oder Tricks sind wahrscheinlich nicht effektiv. Patienten mit paranoiden Symptomen werden eher von anderen zur Therapie überwiesen als von sich selbst. Wenn eine Kommunikation stattfindet, sollte der Arzt keinen Verdacht erregen.

Verwaltung von Grenzen.

Paranoide Menschen neigen eher dazu, die Wärme oder ermutigenden Worte eines Arztes als Maskerade für bösartigere Zwecke zu missverstehen. Daher ist ein „warmherziger" therapeutischer Stil nicht zu empfehlen. Körperkontakt oder sogar zu nahes Sitzen sollten vermieden werden, und jemand, der unter Paranoia leidet, braucht wahrscheinlich mehr körperlichen Freiraum als der Durchschnittsmensch. Gruppenbehandlungen sollten ebenfalls vermieden werden (Gabbard & Gabbard, 2000).

Stimmungsschwankungen

Wenn klinische Hinweise auf eine Verschlechterung der depressiven Störung vorliegen, sollte eine Behandlung mit Antidepressiva in Betracht gezogen werden. Patienten, die erkennen, wie sie aufgrund ihrer paranoiden Aktivitäten isoliert sind, empfinden möglicherweise echte Trauer (und möglicherweise Selbstmordgedanken). Jede Veränderung der Stimmung des Patienten sollte seinem Arzt mitgeteilt werden.

Psychotherapie

individuelle unterstützende dynamische Psychotherapie (Gabbard und Gabbard 2000) als auch Schematherapie (Young, Klosko und Weishaar Young 2003) wurden als Therapien für paranoide Persönlichkeitsstörungen empfohlen. Personen mit schweren Persönlichkeitsstörungen, insbesondere solche mit paranoiden Zügen, können langfristig von einer psychosozialen stationären Behandlung in Verbindung mit Psychotherapie profitieren (Chiesa und Fonagy Chiesa 2003).

Die Methode von Beck und Kollegen zur kognitiven Behandlung paranoider Persönlichkeitsstörungen (siehe Beck, Freeman, Davis, Beck, Freeman und DavisBeck 2004) ist für allgemeine Psychiater möglicherweise die wirksamste. Das Grundkonzept besteht darin, dass klinische Paranoia eine systematisierte und zu weit gefasste Darstellung eines normalen adaptiven psychologischen Prozesses ist. Da das primäre kognitive Modell auf Unzulänglichkeit beruht, besteht das erste Ziel einer solchen Behandlung darin, die Person zu stärken.

Auf lange Sicht wird die Neigung, Schuld zuzuweisen, in Frage gestellt und korrigiert, um den Teufelskreis zu durchbrechen. Konkrete Angriffspunkte können die Überzeugung sein, dass Menschen ständig feindselig und unehrlich sind oder dass man immer auf der Hut vor Gefahren sein muss. Die Praxis des „kollaborativen Empirismus", bei dem Therapeut und Patient die Ansichten des Patienten anhand objektiver Daten bewerten, kann erfolgreich sein.

Pharmakotherapie

Die Rolle von Medikamenten bei rein paranoider Persönlichkeitsstörung ist unklar. Wenn solche Störungen auf der Kontinuumsebene mit wahnhaften Störungen liegen (Reference Kendler und Gruenberg Kendler 1982), kann eine antipsychotische Behandlung angemessen sein (Reference Grossman und Magnavita Grossman 2004). Derzeit gibt es jedoch keine Medikamente, die ausdrücklich für diesen Einsatz zugelassen sind.

Begleiterscheinungen wie Depressionen und Angststörungen sowie die Entwicklung psychotischer Erkrankungen können einer Therapie bedürfen.

Eine Nachricht von der Cleveland Clinic.

Es ist entscheidend, die paranoide Persönlichkeitsstörung (PPD) als psychische Erkrankung zu identifizieren.

Wie bei anderen psychischen Erkrankungen kann es hilfreich sein, gleich bei den ersten Symptomen Hilfe zu suchen, um Störungen im täglichen Leben einer Person zu verringern.

Fachkräfte für psychische Gesundheit können therapeutische Optionen anbieten, um Menschen mit PPD dabei zu helfen, ihre Gedanken und ihr Verhalten zu kontrollieren.

Familienmitglieder von Personen mit paranoider Persönlichkeitsstörung sind oft nervös, unglücklich, untröstlich und einsam. Wenn Sie diese Symptome haben, sollten Sie Ihre psychische Gesundheit in den Vordergrund stellen und professionelle Behandlung suchen.

Schlussfolgerungen

Obwohl es nur wenige wissenschaftliche Daten zur paranoiden Persönlichkeitsstörung gibt, kann sie in vielen Situationen auftreten, beispielsweise bei ehemals gesunden Menschen, die extremem Stress ausgesetzt waren, bei Menschen mit psychischen Erkrankungen und bei Menschen mit Persönlichkeitsstörungen, insbesondere der paranoiden Persönlichkeitsstörung. Skepsis gegenüber den Absichten anderer ist natürlich, insbesondere in bestimmten sozialen Kontexten, kann aber auch schädlich sein.

Interessenkonflikt

Keiner.

Multiple-Choice-Fragen

1. Die folgenden Merkmale sind mit der Diagnose einer reinen paranoiden Persönlichkeitsstörung unvereinbar:

Häufige Fragen zum Verhalten des Lebenspartners

Ich erinnerte mich an den Versuch eines Kollegen vor zwei Jahren, den Patienten zu demütigen.

Ca verfügt bei therapeutischen Interaktionen über eine eingeschränkte Gefühlswelt.

Der Patient vermutet, dass ein Nachbar häufig in sein Haus eingebrochen sei und ein geruchloses Gift in sein Obst gespritzt habe.

Ein schreckliches Sozialleben.

2. Die Attributionsneigung zum Eigeninteresse:

ist typischerweise pathogen.

Bis wird durch eine paranoide Persönlichkeitsstörung verschlimmert.

Bezieht sich auf die Tendenz, die eigenen physiologischen Bedürfnisse über die anderer zu stellen.

bezieht sich auf die Neigung, positive Ergebnisse externen Faktoren zuzuschreiben.

E fehlt bei paranoiden Störungen.

3. Die folgenden Variablen sind nicht mit einer erhöhten Wahrscheinlichkeit für paranoides Denken verbunden:

Taubheit

Eine schlechte mentale Theorie.

Als Student im ersten Jahr

Als neuer Einwanderer.

Pflege solider sozialer Bindungen.

4. Zu den am häufigsten eingesetzten Therapien bei paranoider Persönlichkeitsstörung gehören:

Das Akronym CBT steht für kognitive Verhaltenstherapie.

Die Abkürzung ECT steht für Elektrokrampftherapie.

Antipsychotische Medikamente werden unfreiwillig durch Injektion verabreicht.

Gruppenpsychotherapie

Anxiolytika.

Im Umgang mit Menschen mit paranoider Persönlichkeitsstörung ist Folgendes hilfreich:

Nehmen Sie eine ruhige therapeutische Haltung ein.

Teilen Sie sensible Details aus dem eigenen Leben.

Vermeiden Sie den Anschein, dass ihre Ängste vor anderen berechtigt sind.

Fordern Sie den Patienten auf, das Medikament einzunehmen.

Beteiligen Sie sich am „kollaborativen Empirismus".

Kapitel 2

Anonyme Geschichte einer Person mit antisozialer Persönlichkeitsstörung (ASPD).

Als Kind habe ich mich im Allgemeinen durch Zorn ausgedrückt.

Mein Name ist Andy und ich bin 33 Jahre alt. Bei mir wurde eine schwere antisoziale Persönlichkeitsstörung (ASPD) diagnostiziert.

Dabei handelt es sich um einen klinisch-diagnostischen Begriff, der synonym zu den Begriffen „Psychopath" und „Soziopath" verwendet wird.

Sie haben möglicherweise eine vorgefasste Meinung darüber, was es beinhaltet und was für ein Mensch ich bin.

Damit sind Sie nicht allein.

Eine schnelle Google-Suche nach dieser Diagnose ergibt das charakterschädigende Bild einer Person ohne

Empathie, die beabsichtigt, sich selbst, anderen oder beiden zu schaden.

Entgegen der landläufigen Meinung ist dies nicht unter allen Umständen der Fall.

Der Grund hierfür ist, dass mein Leben nicht so ist und auch nicht so sein sollte, wie sie es behaupten.

Genau so ist es.

Meine frühesten Jahre.

Ich wurde 1984 als Kind einer Frau geboren, die keinerlei Mutterinstinkt hatte und alle ihre Kinder ignorierte. Mein biologischer Vater litt an Schizophrenie, war opioidabhängig und ließ sich schließlich selbst in die Obhut der Kinder einweisen. Als ich erst ein paar Monate alt war, wurde ich vom Sozialamt aufgenommen und in eine Pflegefamilie gebracht.

Ich wurde adoptiert, als ich etwas über zwei Jahre alt war. Es ist bemerkenswert, dass ich in eine so liebevolle und fürsorgliche Familie hineingeboren wurde. Viele Menschen bewundern ihre Eltern, aber meine Eltern sind besonders beeindruckend. Ich habe noch nie zwei so nette und liebevolle Menschen getroffen wie sie.

Im Alter zwischen sieben und zehn Jahren wurde ich jedoch vom älteren Bruder eines Freundes sexuell missbraucht. Meine Eltern konnten nicht eingreifen, da sie nichts davon wussten. Ich habe erst viel später jemandem davon erzählt.

Experten zufolge hatte ich eine genetische Veranlagung zu einer antisozialen/psychopathischen Persönlichkeit, die durch eine harte Erziehung und spätere sexuelle Übergriffe „aktiviert" wurde.

„Während und nach dem sexuellen Missbrauch wurde ich aggressiver und gewalttätiger." Als Kind schien Wut meine einzige Möglichkeit zu sein, mich auszudrücken, obwohl ich mich an keinerlei Emotionen erinnern konnte.

Selbst heute, wenn ich an diese Jahre zurückdenke, erinnere ich mich noch lebhaft, aber emotionslos an alles. Das gilt für alle meine Erinnerungen aus dieser Zeit, nicht nur an den Missbrauch.

Die Misshandlungen hörten auf (weil wir wegen der Arbeit meines Vaters auswanderten), doch mein Verhalten verschlechterte sich, vor allem während meiner Jugend.

Meine Jugend.

Ich war wütend und aggressiv und mein Verhalten führte zu meinem Schulverweis. Auch gegenüber Tieren ging ich grob vor.

Obwohl ich viele Freunde hatte und in der Schule beliebt war, fühlte ich mich immer fehl am Platz. Deshalb konnte ich meine Krankheit erst erkennen, als ich älter wurde und mehr über sie verstand.

Mit 16 Jahren besuchte ich einen „Top"-Klinischen Psychologen. Er untersuchte mich und stellte mir trotz meiner völligen Ehrlichkeit ein „Gesundheitszeugnis" aus, grinste und schickte mich wieder nach Hause. Ich erinnere mich noch an sein Gesicht, als er das sagte.

Rückblickend war mir klar, dass ich in großer Gefahr schwebte. Vor zwei Jahren holte ich alle meine Krankenakten zusammen und las, was er schrieb, was meine Eltern ihm erzählten und was mein Hausarzt empfahl.

Ich bin immer noch schockiert, dass ein Psychologe mit seinem Abschluss übersehen konnte, was sich direkt vor seiner Nase abspielte.

Hätte er das nicht getan, hätte mein Leben wahrscheinlich einen anderen Verlauf genommen.

Meine andere Realität.

Aber das war nicht der Fall und alles normalisierte sich wieder. Nachdem ich mein Abitur gemacht hatte, begann ich zu arbeiten, aber die Leistung war wieder unterdurchschnittlich.

Mir fehlte ein klarer Lebensplan und ich war mir über meine Ziele im Unklaren. Selbst nach Jahren kämpfe ich immer noch um Klarheit.

Ich habe Ideen für Produkte und Berufe, aber da ich mich oft langweile, fällt es mir schwer, etwas zu verfolgen, das langfristig lohnend ist. Menschen haben Berufe und Ziele, denen sie Zeit und Ressourcen widmen können. Das ist etwas, das ich nicht kann.

Als Türsteherin sah ich Leute, die in verschiedene illegale Aktivitäten verwickelt waren. Ich war einer von ihnen, als ich mit 21 Jahren wegen meines ersten Raubüberfalls verurteilt wurde. Ich verheimlichte dies jedoch vor meinen Freunden und meiner Familie und führte mein Leben wie gewohnt weiter.

Wie ich jetzt weiß, war dies das erste Mal, dass bei mir eine antisoziale Persönlichkeitsstörung diagnostiziert wurde. Überraschenderweise haben die Ärzte mich nicht darauf aufmerksam gemacht, obwohl sie mich darauf hingewiesen und es aufgeschrieben hatten.

Sie verschrieben mir Antidepressiva und angstlösende Medikamente, die meine Sinne vorübergehend betäubten, aber die eigentliche Ursache meines Problems nicht behandelten. Die genaue Diagnose wurde mir nie mitgeteilt.

Ich führte ein Parallelleben. Einerseits war ich ein selbstständiger Computerspezialist, andererseits ein Schwerverbrecher. Das dauerte so lange, bis ich wieder vor Gericht stand. Mein Anwalt warnte mich, dass ich höchstwahrscheinlich im Gefängnis landen würde.

Und ich glaube, das war der Wendepunkt. Ich habe mir vorgenommen, für mich und meine Lieben langfristige Veränderungen vorzunehmen.

Meine gegenwärtige Situation.

Meine Verlobte war schwanger und wenn ich ins Gefängnis käme, würde ich die Geburt meiner Tochter und die ersten drei Jahre ihres Lebens verpassen. Von der Möglichkeit einer Gefängnisstrafe ganz zu schweigen.

Während ich versuchte, mich zu ändern, wurde bei mir schließlich eine schwere antisoziale Persönlichkeitsstörung diagnostiziert. Ich suchte eine Behandlung, weil ich ADHS vermutete, was angesichts meiner impulsiven Suche nach Nervenkitzel und meiner geringen Langeweiletoleranz verständlich war.

Nachdem ich meine Diagnose erhalten hatte, gewann ich Einblick in die tieferen Ursachen meines Verhaltens. Dadurch verstand ich besser, warum ich mich so verhielt, wie ich es tat, und mein Leben wurde einfacher.

Dies war kein einfacher Weg. Seit 2011 habe ich in verschiedenen Bereichen gearbeitet und viel über mich selbst, meine Persönlichkeit, meine Stärken und meine Schwächen gelernt.

Ich bezweifle, dass irgendjemand, den ich seit 2011 getroffen habe, mich für seltsam hält.

Mein einziges besonderes Merkmal (falls es so etwas gibt) ist meine ständige Langeweile und Ruhelosigkeit.

Mein Geist und mein Körper scheinen eine so intensive Stimulation zu benötigen, dass es fast schmerzt. Seit 2011 konzentriere ich mich auf körperliche Aktivitäten wie Krafttraining, Lesen und Puzzles.

Ich sehe oft Leute vor dem Fernseher sitzen und frage mich, wie ihr Geist so ruhig sein kann.

Ich bin überzeugt, dass ich nie wieder in mein derzeitiges Leben als Krimineller zurückkehren werde, und ich habe auch nicht den Wunsch dazu. Das Problem besteht jetzt darin, zu entscheiden, was ich als nächstes tun soll, und darüber denke ich jeden Tag nach. Ich bin mir jedoch nicht sicher.

Während dieser Zeit besuchte ich auch einen privaten Psychiater, mit dem ich über meine Diagnose sprach und darüber, wie ich „psychopathisch" bleiben und gleichzeitig für meine Familie sorgen konnte.

Sie erklärte, dass ich zwar einige meiner engsten Freunde lieben und mit ihnen mitfühlen könne, in allen anderen Situationen jedoch völlig reuelos sei.

Meine Familie ist sehr besorgt, seit sie von meiner Krankheit erfahren hat. Ehrlich gesagt bin ich unentschlossen, ob ich sie informieren soll.

Nachdem sie bei Google nach dem Thema gesucht hatten, stießen sie auf Blogs und Foren, die sich diesem Thema widmeten. All dies impliziert, dass ich unfähig bin, jemand anderen als mich selbst zu lieben, und dass alle

Signale, die ich sende, nur dazu bestimmt sind, missbraucht und weiterverwendet zu werden.

Ich bin jedoch überzeugt, dass sich die meisten Untersuchungen zu ASPD auf gefährliche kriminelle „Psychopathen" konzentriert haben, die wegen schwerer Verbrechen im Gefängnis saßen. Viele Menschen, mich eingeschlossen, sind weder aggressiv noch kriminell, führen aber ein normales Leben.

Meine Unzufriedenheit mit meiner Familie ließ jedoch schnell nach. Soweit ich weiß, wäre ich ohne ihre Hilfe und Unterstützung nicht hier. Ich bin froh, sie zu haben. Leider zeigt mein tägliches Engagement für sie, dass das, was sie und andere über mich glauben, nicht stimmt.

Was ich getan habe, um mein Persönlichkeitsproblem anzugehen … Ein oder zwei.

Rachel ist selbstbewusst und unterhaltsam. Sie kann aber auch verschlossen und misstrauisch sein. Sie erklärt, wie ihr die Diagnose geholfen hat, mit ihrer Krankheit umzugehen.

Rachel leidet an einer Borderline- und vermeidenden Persönlichkeitsstörung. Ihr Instagram-Benutzername ist @littlegreenshootproject.

Als ich älter wurde, erkannte ich, dass meine schrecklichen Gefühle für andere zu überwältigend und beängstigend waren, also begann ich, sie zu verbergen. Nach außen wirke ich freundlich, selbstbewusst und humorvoll. Das ist keine Lüge, aber es ist ein Teil von mir, von dem ich weiß, dass er akzeptiert und geliebt wird, also fühle ich mich sicher, ihn zu zeigen, während die anderen Teile von mir zu roh und kaputt sind, um sie zu teilen. Ich habe Angst, dass die Leute mich ablehnen, wenn sie herausfinden, wie verletzt ich bin.

Ich trage eine psychische Erkrankung mit mir, wohin ich auch gehe.

Indem ich meine Gefühle an der Oberfläche verbarg, entstand ein schmerzendes Loch in meiner Brust, das mit der Zeit größer und schlimmer wurde.

Wenn mir die Dinge zu schwer wurden und ich das Gefühl hatte, dass die Leute meine optimistische Fassade durchschauen konnten, ging ich. Ich habe an vielen Orten gelebt, bin häufig umgezogen und gehörte verschiedenen sozialen Gruppen an. Bei jedem Wechsel sagte ich mir: „Das ist es, jetzt wird es mir gut gehen … hier gehöre ich hin", aber das Problem ist, dass man sich selbst nicht wirklich entkommen kann.

Meine Geisteskrankheit verfolgt mich. Sie kann eine Weile ruhen, aber die Emotionen werden sich, wie Wasser, irgendwann ihren Weg bahnen.

Als ich meine Phase der rosaroten Brille überwunden hatte, versteckte ich mich und verbrachte noch mehr Zeit zu Hause, ging den Menschen aus dem Weg und vertiefte mich über Filme und Hörbücher in das Leben anderer Menschen.

Letztes Jahr war ich bei einem Psychiater, der bei mir Borderline- und Angst-Persönlichkeitsstörungen diagnostizierte. Das bedeutet nicht, dass meine Persönlichkeit fehlerhaft ist; es zeigt lediglich, dass ich anders denke, fühle und mich anders verhalte als andere.

Meine Emotionen ändern sich erheblich, ähnlich wie bei einer bipolaren Störung, aber anstatt Tage oder Wochen anzuhalten, kann ich an einem einzigen Tag vier oder mehr Stimmungen durchleben. Diese schnellen Veränderungen sind oft das Ergebnis meiner Interaktionen mit anderen Menschen.

Es gibt Tage, an denen ich nicht aus dem Bett aufstehen möchte und Angst habe, nach draußen zu gehen, aber es gibt auch Tage, an denen ich aufwache und mich wie die beste Mutter und Ehefrau der Welt fühle, an denen ich super organisiert bin und allen ein leckeres Frühstück mache, an denen ich die Kinder zur Schule bringe, mit anderen Eltern und Lehrern spreche und mich begeistert, fähig und inspiriert fühle.

Es reicht schon, wenn mich jemand böse anstarrt oder mir eine SMS mit unklarem Tonfall schreibt, und schon fühle ich mich wie ein gescholtenes Kind. Ich fühle mich wehrlos, beschämt und verängstigt zugleich. Ist diese Person gewalttätig mir gegenüber? Habe ich irgendetwas getan, das sie wütend gemacht hat? Stimmt es, dass ich ein schrecklicher Mensch bin? All diese Gedanken zehren an mir und machen mich erschöpft, gereizt und emotional distanziert.

Es fällt mir schwer, meine Emotionen und Energien im Gleichgewicht zu halten, da ich am selben Tag Dinge wie Bergsteigen, Abendessen veranstalten und ein neues Unternehmen gründen muss. Trotz dieser Erfolge bin ich morgens müde und wünsche mir eine Woche ununterbrochenen Schlaf.

Ich habe mich tapfer dazu entschieden, meine Gefühle anzusprechen und zu akzeptieren, obwohl ich wusste, dass die Reise nicht einfach war. Doch jetzt spüre ich die Entschlossenheit, mich der Angst zu stellen und trotzdem zu gehen.

Letztes Jahr litt ich unter noch größerer Angst und Verzweiflung und begann, mich von sozialen Aktivitäten zurückzuziehen.

Ich rief weiterhin meine Mutter und meinen Mann an, um sie zu beruhigen, und er musste seinen Arbeitsplan umstellen, um mir entgegenzukommen. Ich begann, nach Orten zu suchen, wo wir auf einem Boot in Essex leben, meine Eltern in Schottland besuchen oder nach Italien fahren könnten.

Damals traf ich die waghalsige Entscheidung, zu bleiben und mich mit meinen Gefühlen auseinanderzusetzen. Ich hatte kein einfaches Leben, aber ich lebe noch. Ich habe vor kurzem mit einer kognitiven analytischen Therapie bei einem Psychologen begonnen und bin bereit, mich meinen Sorgen zu stellen, und zwar auf jede erdenkliche Weise.

Früher war der Weg zur Arbeit mühsam, deshalb wechselte ich oft den Arbeitgeber. Aber jetzt arbeite ich für einen sehr hilfsbereiten Kollegen, der es mir ermöglicht, an schlechten Tagen von zu Hause aus zu arbeiten und mir bei Bedarf freizunehmen.

Zu meinem jüngsten Ereignis gehörte die Anschaffung eines Hundes. Er inspiriert mich, früh aufzustehen und Zeit im Freien zu verbringen. Das ist eine fantastische Möglichkeit, im Hier und Jetzt zu bleiben. An meinen freien Tagen kann ich spazieren gehen und mit ihm plaudern.

Ich hoffe immer noch, dass sich die Dinge verbessern. Letzte Woche habe ich meinem Therapeuten gesagt, dass mein Hauptziel darin besteht, genauso nett zu mir selbst zu sein wie zu meinen Kindern. Es fällt mir schwer, mich outen und den Leuten die Wahrheit zu sagen, aber bisher war die Erfahrung großartig. Ich war besorgt, wie sich das auf meine zukünftige Beschäftigung oder andere Möglichkeiten auswirken könnte, aber ich bin einfach froh, dass ich nicht so tun muss, als wäre alles in Ordnung, was ich als Fortschritt betrachte.

Endlich fühlte ich mich nicht mehr so allein.

Catherines Handlungen erschienen verständlicher, als sie von der vermeidenden Persönlichkeitsstörung erfuhr.

"Was stimmt nicht mit dir?"

Über diese Frage habe ich mein ganzes Leben nachgedacht. Ich hatte genug andere Menschen gesehen, um zwei Dinge zu erkennen: Erstens, dass ich nicht normal war, und zweitens, wie ich mich wie ein Normaler verhalten sollte.

Personen mit einer vermeidenden Persönlichkeitsstörung reagieren häufig überempfindlich auf Kritik und haben das Gefühl, ständig kritisiert zu werden.

Normalerweise funktionierte es, aber ich konnte es am Gesichtsausdruck von jemandem erkennen: „Was ist los mit dir?

Die vermeidende Persönlichkeitsstörung ist gekennzeichnet durch eine erhöhte Sensibilität gegenüber

Kritik und das Gefühl, beobachtet und geprüft zu werden. Ich habe Schwierigkeiten, soziale Kontakte zu knüpfen, weil ich unsicher bin und darauf achte, wie ich mich verhalte und Dinge sage, und darauf aus bin, dass niemand sieht, wer ich bin.

Es ist anstrengend, aber ich fühle mich in Gruppen am wohlsten, die mir einen sicheren Hafen bieten können.

„Ich würde weitermachen und einen Neuanfang versuchen. Mit 26 Jahren hatte ich in sechs verschiedenen Ländern auf drei Kontinenten gelebt.

Das Problem war, dass ich allein war, als die Ideen anfingen. Was hatte ich falsch gemacht? Ich würde jede Interaktion, die ich an diesem Tag gehabt hatte, forensisch untersuchen. Was für ein Idiot war ich? Wie sehr mochten sie mich nicht? War irgendjemand sich meiner Sorge bewusst? Depressionen und emotionale Isolation waren aufgrund dieser Menge an Selbstanalyse und Selbsthass unvermeidlich. Ich redete mir ein, dass meine Freunde mich nicht mochten und dass es mir ohne sie besser ging. Ich würde es noch einmal versuchen.

Aber ich konnte nicht mit mir selbst mithalten.

Schließlich kam ich in Barcelona an und fand Leute, in deren Gesellschaft ich mich wohl fühlte, doch ich verbarg meine Angst vor emotionaler Bindung durch exzessiven Drogenkonsum.

Diese Lebensweise konnte nicht auf die Dauer andauern und als die Wirkung der Drogen nachließ, fragte ich mich, wo diese Gefühle der Intimität geblieben waren und ob sie wahr waren. Ich war immer noch allein.

Meine Freunde begannen zu heiraten, was es schwieriger machte, meine Vermeidung zu verbergen.

Ich war 36 Jahre alt, hatte keine wichtigen Beziehungen in meiner Vergangenheit und hatte einen Job, bei dem ich Vorstellungsgespräche vermeiden und Kontakte zu Kollegen knüpfen musste. Ich war es leid, verbergen zu müssen, wer ich war, und ich fühlte mich aufgrund meiner schlechten Lebensleistung unfair bewertet.

Ich konnte nicht richtig schlafen und als ich aufwachte, hatte ich das Gefühl, als wäre ich eine Treppe heruntergefallen.

Das hat mich schließlich übermannt und mit Mitte dreißig war ich erschöpft. In den nächsten Monaten hatte ich Schlafstörungen, ich erwachte mit dem Gefühl, eine Treppe hinuntergeworfen worden zu sein, und meine Energie schwankte von Tag zu Tag und von Stunde zu Stunde. Nach monatelangen Tests wurde bei mir das chronische Müdigkeitssyndrom (CFS) diagnostiziert.

Mein Herz wurde gebrochen.

Selbst unter Medizinern wird das chronische Erschöpfungssyndrom häufig missverstanden, und ein Arzt nach dem anderen teilte mir mit, dass mein Zustand gar nicht existiere. Das war das Schlimmste, was mir hätte passieren können. Ich fühlte mich bereits verurteilt und gerügt, und die Dinge würden noch schlimmer werden.

Also bin ich wieder losgerannt.

Ich konnte mich nicht an meine neuen Lebensumstände gewöhnen. Alle verurteilten mich und ich fühlte mich einsamer als je zuvor. Ich entschied mich für Bali, weil ich befürchtete, dass ich niemanden hätte, an den ich mich wenden könnte.

Obwohl ich in Selbsthilfegruppen nach Hilfe suchte, um meine chronische Müdigkeit, Angstzustände und Depressionen zu lindern, konnte niemand von ihnen meine Gefühle nachvollziehen. Mein Zustand, meine Einsamkeit und mein Unglücklichsein blieben unerklärlich, ebenso wie meine Schwierigkeiten, Kontakte zu anderen aufzubauen.

Das überwältigende Gefühl der Einsamkeit wuchs, da es schien, als würde niemand das Ausmaß meiner Isolation verstehen.

Aber ich ließ nicht locker, sah mir Dokumentationen über psychische Erkrankungen an, hörte Podcasts und las Blogs, bis ich auf die vermeidende Persönlichkeitsstörung (Advocative Personality Disorder, APD) stieß und in Tränen ausbrach. Ich untersuchte jedes Symptom anhand der Diagnosekriterien!

Zum ersten Mal in meinem Leben fühlte ich mich nicht einsam und begann zu glauben, dass mit mir nichts nicht stimmte; ich hatte eine psychische Erkrankung.

„Ich fühle mich immer noch verurteilt, aber ich weiß, warum: meine Krankheit.

Das Verständnis meiner Grenzen aufgrund meiner Behinderung half mir, mich selbst zu akzeptieren. Ich nutzte eine kognitive Verhaltenstherapie, um meine negativen Selbstgespräche zu kontrollieren, sprach mit meinem Therapeuten über meine sozialen Probleme und wie ich damit umgehen sollte und nahm an einem 12-Schritte-Programm zur Co-Abhängigkeit teil. Der Beitritt zu Coda (Co-Dependents Anonymous) und ein sicherer Ort, um meine Geschichte mit anderen zu besprechen und zu teilen, sodass sie mich in meiner verletzlichsten Phase sehen konnten, war ein großer Schritt nach vorne, den ich nicht hätte vorhersehen können. Ich fühle mich immer noch verurteilt, aber ich kann es als Folge meiner Krankheit erklären und weigere mich, es zu akzeptieren.

Ich bin immer noch auf Bali, aber dieses Mal freiwillig. Ich werde allmählich stärker, bis ich bereit bin, zurückzukehren. Der Unterschied besteht jetzt darin, dass ich Leute habe, die ich als Freunde betrachten kann. Ich fühle mich nicht allein, da ich emotionale Unterstützung habe. Langsam baue ich Beziehungen wieder auf, die ich aufgegeben hatte, und ich fange an zu spüren, dass auch ich ein Leben haben kann.

Meine Zwangsstörungstherapie beinhaltet Malen.

Emily, die an einer Zwangsstörung leidet, erläutert, wie Zentagling ihr hilft.

Wenn ich Leuten sage, dass ich an einer zwanghaften Persönlichkeitsstörung leide, denken sie, ich spreche es falsch aus; nur wenige Menschen kennen den Begriff. Bei der zwanghaften Persönlichkeitsstörung (OCPD) mangelt es an Flexibilität; Regeln sind Regeln und es gibt nur wenig Spielraum für Fehler; dennoch sollten Sie die Tendenzen einer zwanghaften Persönlichkeitsstörung (OCD) berücksichtigen.

Menschen mit Zwangsstörungen sind sich oft bewusst, dass ihre Zwänge und Obsessionen behandelt werden müssen, aber Menschen mit Zwangsstörungen glauben oft, ihr Verhalten sei normal. Ich glaube, dass meine Methode der einzige Weg ist, um weiterzukommen. Alle Aufgaben, ob groß oder klein, müssen genau so erledigt werden, wie ich es brauche, sonst bleiben sie unerledigt.

Dann kommt die Zwangsstörung, die sich in Zwangsgedanken und zwanghaften Wiederholungshandlungen äußert. Es ist einfach ein großer Kreis.

Ich verstehe, dass es so aussieht, als wäre ich „pingelig", aber das stimmt nicht.

Es ist schwierig, diese Krankheit zu vermitteln, da sie eher eine Lebenseinstellung ist. Die zwanghafte Persönlichkeitsstörung ist schwer zu erkennen und zu handhaben, da sie so tief in meinem Denken verwurzelt ist.

Ich leide außerdem unter generalisierter Angststörung und sozialer Phobie, sodass meine Gedanken ständig rasen, sogar im Schlaf.

Angenommen, Sie haben in Ihrem Internetbrowser 100 Tabs geöffnet, die alle Ihr Problem anzeigen. Denken Sie an ständig erscheinende Popups, die zu den bereits geöffneten Tabs neue hinzufügen; dann beginnt einer, Musik abzuspielen, und ein anderer, ein Video abzuspielen, und Sie haben keine Ahnung, welche Tabs Lärm machen oder wie Sie sie stoppen können, egal wie sehr Sie es versuchen. Sie versuchen also verzweifelt herauszufinden, welche Tabs Musik und Videos abspielen, während ständig neue Popups in Ihren Browser-Tabs erscheinen! Das ist der Dauerzustand meines Gehirns. Jeden Tag, den ganzen Tag.

Ein Wunsch nach Erleichterung

Um mich zu entspannen, begann ich zu kritzeln und entdeckte meine Liebe zu Zentangle . Ich bin eine

Zentangle- Künstlerin, die es sich selbst beigebracht hat. Es ist friedlich und ich kann mir nicht vorstellen, jeden Tag zu skizzieren oder zu malen.

Zentangle ist einfach eine Art Kritzeln. Die Muster und Linien erscheinen, sobald ich den Stift auf das Papier setze. Ich male weiter, bis ich die ganze Seite bedeckt habe und mein Kunstwerk zum Leben erwacht.

„Bevor ich es merke, habe ich eine Arbeit beendet und fühle mich ein wenig erleichtert.

Ich beginne mit der Skizze der Grundkontur dessen, woran ich gerade arbeite. Das kann alles Mögliche sein, von einer Kaffeetasse bis zu einem Tier oder einer Landschaft. Dann erstelle ich mit Acrylfarbe eine Grundfarbleinwand, die aussieht wie große Klumpen zufällig angeordneter Farben auf einem Blatt Papier. Zum Schluss füge ich das Zentangle- Detail hinzu!

Ich habe nicht nur einige meiner Kunstwerke auf Instagram geteilt, sondern konnte auch in den ein oder zwei Stunden, die ich für die Fertigstellung eines Kunstwerks brauchte, Trost finden.

Wie Zentangle Ihnen helfen kann, sich selbst zu retten.

Zentangle rettet mich jeden Tag vor mir selbst, indem es mir erlaubt, mich auf Papier frei auszudrücken. Die Muster in Zentangle- Kunstwerken können süchtig machen und ich vertiefe mich in den faszinierenden kognitiven Prozess des Skizzierens und Malens.

Sie fragen sich vielleicht, wie jemand mit einer zwanghaften Persönlichkeitsstörung mit dieser Art von Kunst umgeht. Ist es nicht notwendig, präzise zu sein? Nein, nicht in der Kunst und erst recht nicht bei Zentangle . Das ist der Reiz daran. Ja, ich habe viel Arbeit weggeworfen, weil sie nicht ganz richtig war, aber sie muss nicht fehlerlos sein. In Wirklichkeit sollte sie einfach einzigartig und ausdrucksstark sein, was für jemanden wie mich fantastisch ist, denn wenn ich einen Fehler mache, kann ich ihn leicht in ein anderes Design umwandeln.

Meine Kunstwerke vermitteln auf den ersten Blick ein Gefühl von Geschäftigkeit und Komplexität und spiegeln meine eigene facettenreiche Persönlichkeit wider.

Meine Kunstwerke sind, wie meine, kompliziert und wirken auf den ersten Blick schwierig, aber sie verschaffen mir etwas Entspannung von meinem zu beschäftigten Geist. Zeichnen ist meine Art von Therapie.

Ich bin kompliziert und wunderbar, genau wie jeder, der an einer psychischen Krankheit leidet, und das ist etwas, das wir uns ständig vor Augen führen müssen.

Kapitel 3

Wie gehen Sie in einer Beziehung mit einer paranoiden Persönlichkeitsstörung um?

Aus einer paranoiden Persönlichkeitsstörung können Uberechtigter Argwohn, Neid und Verfolgungsgefühle durch andere entstehen. Dies kann sich auf viele Arten von Interaktionen auswirken . Betroffene können mit der Anwendung unterschiedlicher Ansätze zurechtkommen.

Als paranoide Persönlichkeitsstörung bezeichnet man ein psychisches Problem, das die Gedanken, Gefühle und Handlungen einer Person beeinflusst. Menschen, die an einer paranoiden Persönlichkeitsstörung leiden, entwickeln möglicherweise Misstrauen und Argwohn gegenüber anderen. Auch ohne Gefahr kann die Störung zu Verfolgungsgefühlen führen.

Die starken Gefühle und Vorstellungen, die eine paranoide Persönlichkeitsstörung hervorrufen kann, können die Beziehungen zu Familie, Freunden und am Arbeitsplatz schädigen. Wenn Sie lernen, mit dem Zustand einer Beziehung umzugehen, kann dies zu mehr Unterstützung und besserer Kommunikation führen.

In diesem Kapitel geht es um die paranoide Persönlichkeitsstörung, ihren Einfluss auf Beziehungen und den Umgang damit.

Bei Personen mit paranoider Persönlichkeitsstörung können die folgenden Symptome auftreten:

- eine erhebliche Skepsis gegenüber anderen • langsames Vertrauen in andere und Ausdruck von Unversöhnlichkeit • Empfindlichkeit gegenüber wahrgenommener Kritik • Neigung, in Beziehungen Distanz zu wahren

Erfahren Sie mehr über die paranoide Persönlichkeitsstörung.

Welche Auswirkungen hat die paranoide Persönlichkeitsstörung auf Beziehungen?

Beziehungen können unter einer paranoiden Persönlichkeitsstörung leiden. Laut Trusted Source leiden etwa 75 % der Personen mit paranoider Persönlichkeitsstörung auch an einer anderen Persönlichkeitsstörung.

Diese Kombination von Persönlichkeitsproblemen kann die Aufrechterhaltung von Beziehungen noch problematischer machen.

Je nach Art der Beziehung kann die paranoide Persönlichkeitsstörung paranoide Symptome wie intensives Misstrauen und Argwohn hervorrufen. Sie kann dazu führen, dass jemand ohne Grund annimmt, dass seine persönliche Beziehung untreu ist.

Personen, die an einer paranoiden Persönlichkeitsstörung leiden, fällt es möglicherweise schwer, sich zu öffnen und sensible Details mitzuteilen. Dies kann die Entstehung echter Freundschaften oder Liebesbeziehungen behindern.

Aufgrund einer paranoiden Persönlichkeitsstörung können harmlose Handlungen und Bemerkungen anderer missverstanden werden. Dies kann in vielen Beziehungen, auch mit Kollegen, zu Stress führen.

Wie man mit einem geliebten Menschen umgeht, der an einer paranoiden Persönlichkeitsstörung leidet

Es gibt verschiedene Techniken, um mit einem geliebten Menschen umzugehen und ihm zu helfen, der an einer paranoiden Persönlichkeitsstörung oder ähnlichen psychischen Problemen leidet. Es ist wichtig, sich daran zu erinnern, dass jeder Mensch einzigartig ist und dass Heilung ein kontinuierlicher Prozess ist.

Klare Kommunikation

Klare Kommunikation ist ein wichtiger erster Schritt, damit jemand zurechtkommt. Kurz und direkt zu sein trägt dazu bei, Missverständnisse zu vermeiden, die zu Misstrauen führen können. Klare Kommunikation hilft auch dabei, Erwartungen und Einschränkungen zu definieren.

Erkennen Sie ihre Gefühle.

Für jemanden, der an einer paranoiden Persönlichkeitsstörung leidet, sind die Gefühle echt. Laut der National Alliance on Mental Illness (NAMI) ist es hilfreich, die Gefühle der Person zu verstehen und gleichzeitig zu versuchen, ihre Ängste umzulenken. Die Gefühle einer anderen Person zu respektieren, kann dazu beitragen, eine Situation zu entschärfen und Sorgen abzubauen.

Versuchen Sie, nicht mit ihnen zu streiten oder ihre Meinungen zu ignorieren.

Es ist nicht gut, paranoide Ansichten zu entwickeln. Gleichzeitig ist es normalerweise sinnlos, Ideen und Gedanken herauszufordern und ihnen entgegenzutreten. Ein aggressiver Ansatz kann Ihre Wut und Paranoia nur noch verstärken.

Grenzen setzen

Auch wenn es sich um einen geliebten Menschen handelt, ist es notwendig, Grenzen gegenüber jemandem zu setzen, der an einer paranoiden Persönlichkeitsstörung leidet. Das Setzen von Grenzen ermöglicht es einem geliebten Menschen, Verantwortung für sein Verhalten zu übernehmen und zu verstehen, was von ihm erwartet wird. Es kann auch ein Gefühl der Unabhängigkeit fördern.

Selbstfürsorge ist entscheidend.

Es ist wichtig, auf sich selbst zu achten. Wenn man Techniken zum Entspannen, Abschalten und Auftanken findet, kann man einem geliebten Menschen besser helfen. Die American Psychiatric Association (APA) schlägt folgende Selbstfürsorgemaßnahmen vor:

Bleiben Sie mit Familie und Freunden in Kontakt, oft zum Spaß und zur Unterstützung bei der Ausübung einer Form der Entspannung, wie Yoga, Meditation oder Atemübungen

Regelmäßige Bewegung ist eine gute Methode, um Stress abzubauen und sich besser zu fühlen. Versuchen Sie, ausreichend zu schlafen, da Schlafmangel den Umgang mit Stress erschweren kann.

Welche Faktoren tragen zur paranoiden Persönlichkeitsstörung bei?

Die wahren Ursachen der paranoiden Persönlichkeitsstörung sind unklar, dennoch finden sich im Folgenden zahlreiche plausible Erklärungen für Paranoia.

1. Biologische Komponenten

Studien zufolge sind unsere Gene für verschiedene Merkmale unserer Persönlichkeit verantwortlich. Die Genetik kann laut Experten einen Einfluss auf die Entwicklung eines paranoiden Persönlichkeitssyndroms haben.

Den oben genannten Forschungsergebnissen zufolge kommt es in Familien mit einer Vorgeschichte von Psychosen immer wieder zu paranoiden Persönlichkeitsstörungen.

Es ist zwar nicht ersichtlich, dass ein derart unlogisches Verhalten genetisch an zukünftige Generationen weitergegeben wird, es ist jedoch durchaus möglich.

2. Verletzungen des Gehirns

Studien zufolge besteht möglicherweise ein Zusammenhang zwischen Hirnschäden und der Entwicklung einer paranoiden Persönlichkeitsstörung.

Nach einer Hirnverletzung nehmen bei manchen Menschen die Paranoia-Symptome zu.

3. Andere Variablen

Während die Genetik einen größeren Einfluss hat, spielt auch die Umgebung, in der eine Person aufwächst, eine wichtige Rolle bei der Entwicklung einer paranoiden Persönlichkeitsstörung. Kindheitstraumata, Vernachlässigung durch die Eltern, Mobbing oder sexuelle Belästigung können sich alle so negativ auf die psychische Gesundheit auswirken, dass eine Person im Laufe der Zeit eine paranoide Persönlichkeitsstörung entwickelt.

Welchen Einfluss hat die paranoide Persönlichkeitsstörung auf Beziehungen?

Es ist eine Herausforderung, jemanden zu lieben, der an einer paranoiden Persönlichkeitsstörung leidet. Das bringt seine eigenen Hindernisse mit sich und Sie müssen wissen, wie Sie mit einer Person umgehen, die unter Wahnvorstellungen leidet, um die Beziehung stabil zu halten.

So wirkt sich Paranoia auf Beziehungen aus.

1. Die paranoide Person hat möglicherweise Schwierigkeiten, ihrem Partner zu vertrauen und verlangt möglicherweise von irgendjemandem unnötige Bestätigung ihres Aufenthaltsortes.

2. Eine paranoide Person kann übermäßig kritisch sein und ihren Partner brutal kritisieren.

3. Außerdem kann es passieren, dass sie aufgrund ihrer mangelnden Sensibilität die Gefühle ihres Partners verletzen und diesem die Schuld dafür geben.

4. Sie erinnern sich möglicherweise an jedes Detail Ihrer Handlungen und hegen Feindseligkeit gegen Sie.

5. Sie haben möglicherweise eine insgesamt negative Einstellung gegenüber ihrem Ehepartner und ihrer Beziehung. Gegenüber ihrem Ehepartner können sie passiv-aggressive Handlungen begehen.

6. Sie möchten möglicherweise die vollständige Kontrolle über ihre Beziehung und ihr Leben haben. Sie fordern Sie möglicherweise auf, den

Kontakt zu Freunden und Verwandten abzubrechen.

5 Ideen zum Umgang mit einem paranoiden Ehepartner

Wenn Sie mit jemandem zusammenleben, bei dem gerade Paranoia diagnostiziert wurde, müssen Sie sich darüber im Klaren sein, dass der bevorstehende Weg kein einfacher sein wird. Es wird Zeiten geben, in denen Sie alles hinter sich lassen wollen, und andere, in denen Sie das einfach nicht können, weil andere auf Sie angewiesen sind.

Ihre Geduld wird unter solch harten Bedingungen immer wieder auf die Probe gestellt. Wie können Sie also jemandem helfen, der unter Paranoia leidet? Hier sind fünf Ideen für den Umgang mit einem paranoiden Ehepartner.

1. Ermutigen und unterstützen Sie sie bei der Suche nach Betäubungsmitteln.

Wenn Sie erfahren, dass Ihr Partner unter Paranoia leidet, ist es wichtig zu verstehen, wie Sie mit einer paranoiden Person umgehen.

Bitte sagen Sie ihnen, dass sie sich medizinisch behandeln lassen sollen, um ihr Leben zu verbessern. Es mag für sie schwierig sein, Ärzten zu vertrauen und sich gegen Rezepte zu wehren, aber Sie müssen sie davon überzeugen, dass es ihnen gut tut.

Seien Sie immer für sie da und seien Sie jederzeit für sie da. Bei dieser Krankheit kann eine frühzeitige Erkennung und Behandlung das Leben einfacher und freudvoller machen.

2. Legen Sie in Ihrer Partnerschaft klare Grenzen fest.

Kennzeichnend für diese Krankheit sind Misstrauen, Skepsis und ständiger Argwohn.

Dies kann zu emotionalem Stress für Sie führen und dazu, dass Sie sich regelmäßig am Rande der wirtschaftlichen Krise Ihrer Beziehung wiederfinden.

Um solche Meinungsverschiedenheiten zu vermeiden, ist es wichtig, Grenzen festzulegen. So können Sie paranoiden Anschuldigungen vorbeugen.

Konsultieren Sie einen Experten und besprechen Sie mit ihm die Grenzen. So verhindern Sie, dass Ihr Partner Sie unter dem Vorwand von Paranoia schlecht behandelt.

3. Verbessern Sie Ihre Kommunikationsfähigkeiten

Sie wissen es vielleicht nicht, obwohl wir jeden Tag vage oder verwirrende Sätze sagen.

Wir merken es, wenn wir anfangen, mit einer paranoiden Person zusammenzuleben. Um Streitigkeiten vorzubeugen oder ihre Paranoia zu schüren, müssen Sie sich daher angewöhnen, richtig und eindeutig zu kommunizieren.

Wenn Sie dies befolgen, können Sie eine enge Bindung zu Ihrem Partner aufrechterhalten und gleichzeitig verhindern, dass sich die Probleme Ihres Partners auf Sie auswirken.

Sehen Sie sich dieses Video an, um zu erfahren, wie Sie Ihre Kommunikationsfähigkeiten verbessern können.

4. Achten Sie auf mögliche Auslöser.

Wenn Sie wissen möchten, wie Sie mit einem wahnhaften Ehepartner oder einem paranoiden Partner umgehen sollen, müssen Sie zunächst herausfinden, was ihn zu diesem Verhalten motiviert. Beobachten Sie die Ereignisse, die seine Symptome verschlimmern, und versuchen Sie, sie zu vermeiden.

Konzentrieren Sie sich stattdessen auf ihr Fachwissen und ihre erstaunlichen Eigenschaften. Sie müssen das Risiko berücksichtigen, dass sie nicht wissen, wie sie mit Paranoia umgehen sollen.

5. Legen Sie Wert auf ein gesundes Sozialleben und auf die Selbstfürsorge.

Selbstfürsorge ist für jeden von uns lebenswichtig, doch wir halten sie meist für selbstverständlich. Wenn Sie mit einer paranoiden Person zusammenleben, ist es an der Zeit, darauf zu achten. Beginnen Sie mit Selbstfürsorge und fordern Sie Ihren Partner auf, es Ihnen gleichzutun. So können Sie sich mit positiver Energie umgeben und Sie werden sich beide besser fühlen.

Ebenso versuchen paranoide Personen, sich von ihrer Umgebung zu distanzieren, weil sie das Gefühl haben, andere seien nicht vertrauenswürdig. Dies kann verhindert werden, wenn Sie beide kleine Schritte in Richtung eines gesunden Soziallebens unternehmen.

Verbringen Sie ausreichend Zeit mit Ihrer Familie und engen Freunden und wecken Sie bei Personen außerhalb Ihres unmittelbaren Umfelds das Gefühl, dass Ihr Partner sich wirklich um Sie kümmert.

Wegbringen

Wir wissen nie, was die Zukunft für uns bereithält. Die Dinge könnten sich radikal ändern und auf den Kopf gestellt werden, sodass wir ratlos zurückbleiben. In solchen Situationen haben wir zwei Möglichkeiten: fliehen oder uns der Situation stellen. Wenn es jedoch um unsere Lieben geht, können wir das Schiff nicht verlassen und müssen das Problem lösen. Wenn Sie in einer Beziehung mit einem paranoiden Ehepartner sind, passiert genau das. Befolgen Sie die Empfehlungen zum Umgang mit einem paranoiden Ehepartner, und die Dinge werden sich für Sie verbessern.

Häufig gestellte Fragen

Nachfolgend finden Sie Antworten auf einige häufig gestellte Fragen zur paranoiden Persönlichkeitsstörung.

Welche Faktoren tragen zur paranoiden Persönlichkeitsstörung bei?

Laut Trusted Source haben mehrere Studien in dieser Studie aus dem Jahr 2017 Kindheitstraumata als Risikofaktor für paranoide Persönlichkeitsstörungen festgestellt. Dieses Trauma kann emotionale und körperliche Misshandlungen im Kindesalter nach sich ziehen.

Wie kann man jemanden beruhigen, der an einer paranoiden Persönlichkeitsstörung leidet?

Was bei jedem Einzelnen am besten funktioniert, ist unterschiedlich. Ein guter Zuhörer zu sein, eine fürsorgliche Haltung einzunehmen und eine ruhige Stimme und ein ruhiges Auftreten zu bewahren, kann jedoch dabei helfen, eine Person zu beruhigen.

Welches Persönlichkeitsproblem ist am schwierigsten zu behandeln?

Unter Ärzten gibt es unterschiedliche Meinungen darüber, welche Persönlichkeitsstörung am schwierigsten zu behandeln ist, und die Ausprägung der Symptome kann von Person zu Person unterschiedlich sein. Umgekehrt sind manche Persönlichkeitsprobleme generell resistenter gegen eine erfolgreiche Behandlung.

Eine der am schwersten zu heilenden Störungen ist die paranoide Persönlichkeitsstörung. Laut der Substance Abuse and Mental Health Services Administration (SAMHSA) ist auch die antisoziale Persönlichkeitsstörung schwer zu heilen.

Für mehr Klarheit schauen Sie sich auch diese Bücher an

Paranoide Persönlichkeitsstörung: Der ultimative Leitfaden für Ehepartner zum Verständnis der Symptome, Behandlung und Vorbeugung von PPD. Von Dr. John E. Collins

Vollständiger Dating-Ratgeber für unsichere Paare zum Umgang mit einem Partner mit PPD von Dr. John E. Collins

Kapitel 4

Ist das nur meine Paranoia oder lügt er?
11 Dinge, die Sie überprüfen und
berücksichtigen sollten.

TRost ist einer der grundlegendsten Aspekte einer starken romantischen Beziehung. Wenn jedoch Probleme wie Ehebruch auftreten, kann die Partnerschaft enden.

Sie zweifeln vielleicht an den Handlungen Ihres Partners und stellen dann fest, dass Ihre Annahmen falsch waren. Dieser Artikel beantwortet die Frage „Bin ich paranoid oder betrügt er mich?"

Was ist der Unterschied zwischen Paranoia und Misstrauen?

Misstrauen und Paranoia werden manchmal synonym verwendet. Sie haben jedoch mehrere Bedeutungen. Paranoia ist eine extreme Form des Misstrauens, bei der eine Person unbegründete Befürchtungen hat, betrogen zu werden.

Angst, Depression und unbegründete Furcht sind alles Anzeichen von Paranoia und können das tägliche Leben einer Person beeinträchtigen. Im Gegensatz dazu ist Misstrauen ein normales Gefühl von Misstrauen oder Zweifel an der Vertrauenswürdigkeit oder Verantwortlichkeit einer anderen Person. Wenn Sie Unterschiede im Verhalten einer Person feststellen, ist die natürliche Reaktion Misstrauen.

11 Zeichen, dass er Sie betrügt oder Sie misstrauisch sind

Sie haben vielleicht Gefühle für jemanden, sehen aber Anzeichen dafür, dass er Ihnen untreu ist. Hier sind einige Vorschläge, die Ihnen helfen, die Frage zu beantworten: Liegt es nur an mir oder begeht er Ehebruch?

1. Er versteckt sein Telefon vor Ihnen.

Wenn Ihr Liebhaber sein Telefon versteckt, ist dies eine der häufigsten Antworten auf die Frage: „Bin ich verrückt oder betrügt er mich?" Wenn er oft sein Passwort ändert oder es nicht mag, wenn Sie auf sein Telefon schauen, verheimlicht er möglicherweise etwas vor Ihnen.

Wenn Sie Zugriff auf sein Telefon haben und er nicht protestiert, betrügt er Sie möglicherweise nicht.

2. Er ist diskreter.

Wenn Sie sich immer wieder fragen: „Warum vermute ich, dass er Sie betrügt?", könnten Sie mehr darüber erfahren, wie er seine Aktivitäten organisiert. Wenn ein Mann Sie in einer Beziehung betrügt, ist er bei seinen Aktivitäten sehr diskret, sodass Sie es nicht bemerken.

Wenn er Sie nicht betrügt, sind Sie sich seiner Handlungen möglicherweise nicht bewusst, da er nicht gezwungen ist, sie preiszugeben.

3. Er wahrt emotionale Distanz.

Die Einschätzung seiner emotionalen Verfügbarkeit ist eine weitere Möglichkeit, die Frage „Bin ich paranoid oder betrügt er mich?" zu beantworten. Wenn Sie feststellen, dass er emotional nicht verfügbar ist und mit seiner Welt beschäftigt zu sein scheint, sollten Sie mit ihm sprechen, um herauszufinden, warum, und eine Lösung entwickeln.

4. Er will nicht sagen, wo er ist.

Der Begriff der Verantwortung kann genutzt werden, um die Frage zu beantworten: „Bin ich paranoid, oder betrügt er mich?" Partner müssen einander gegenüber rechenschaftspflichtig sein, unabhängig davon, wo sie sich befinden.

Wenn Ihr Freund keinen Grund findet, Ihnen seinen Aufenthaltsort mitzuteilen, betrügt er Sie möglicherweise. Wenn er Sie hingegen benachrichtigt, es aber ab und zu vergisst, kann dies unbeabsichtigt sein.

5. Er flirtet mit Leuten in den sozialen Medien.

Fremdgehen liegt vor, wenn ein Mann mit anderen potenziellen Partnern flirtet, während er in einer Beziehung bleibt. Nicht jeder kennt den Unterschied zwischen Freundschaft und Untreue in Beziehungen.

Wenn Sie sehen, dass er mit anderen Leuten flirtet, machen Sie sich Sorgen, ob Sie verrückt sind oder ob er Sie betrügt.

6. Ihr Sexualleben hat einen Tiefpunkt erreicht.

Wenn Sie mit Ihrem Partner keine sinnlichen Gefühle haben möchten, können Sie sich Sorgen machen, ob Sie wütend sind oder ob er Sie betrügt. Wenn Ihr Partner Sie betrügt, kann er den Sex mit Ihnen ablehnen.

Ein weiterer Grund dafür, dass Ihr Sexualleben nicht so erfreulich ist, wie es sein könnte, kann sein, wenn Ihr

Liebster Schwierigkeiten hat und keinen Sex haben möchte.

Sehen Sie sich dieses Video an, um zu erfahren, wie Sie Ihr Sexualleben verbessern können.

7. Sie haben mehr ungelöste Konflikte.

Wenn Sie in Ihrer Beziehung mit mehreren Schwierigkeiten zu kämpfen haben, die immer schwieriger zu lösen sind, könnte dies ein Zeichen für Untreue sein. Wenn beide Partner dem Erfolg ihrer Beziehung verpflichtet sind, gehen sie Konflikte offen an. Wenn Ihr Freund kein Interesse daran zu haben scheint, dass die Beziehung funktioniert, betrügt er Sie möglicherweise.

8. Er ist leicht aus der Fassung zu bringen.

Wenn Ihr Mann auf die Frage „Betrügt mich mein Freund?" wiederholt negativ reagiert, wird er schnell reagieren, auch wenn Sie ihm nichts vorwerfen.

Es ist jedoch wichtig zu erkennen, dass Menschen aus verschiedenen Gründen defensiv sein können, insbesondere wenn sie sich missverstanden fühlen oder einen möglichen Angriff oder eine Gefahr sehen. Dies bestätigt meine Befürchtung, dass er mich betrügt.

9. Die Kommunikation bricht zusammen.

Untreue wird nicht immer durch Kommunikationsprobleme zwischen Paaren verursacht. Stress am Arbeitsplatz, Probleme mit dem Kommunikationsstil und andere Faktoren können zu Kommunikationsproblemen beitragen.

Wenn Sie die Frage „Bin ich paranoid oder betrügt er mich?" beantworten, müssen Sie folglich mit ihm sprechen und einen Kommunikationsplan entwickeln.

10. Er ist besessen von seinem Aussehen.

Personen, die sich gefragt haben: „Was lässt mich meinen Partner der Untreue verdächtigen?" Sie haben vielleicht gesehen, wie ihr Partner sich auf sein Aussehen konzentriert. Wenn Ihr Partner sich mehr Gedanken über sein Aussehen macht, muss das nicht unbedingt bedeuten, dass er fremdgeht.

Manche Menschen sind wegen ihres Aussehens unsicher, um ihr Selbstbild oder Selbstwertgefühl zu stärken. Es ist normal, seine Motive in Frage zu stellen, wenn er sich immer Sorgen um sein Aussehen macht, während er Menschen trifft, die eine Gefahr für Ihre Beziehung darstellen könnten.

11. Er zieht sich von Ihren Lieben zurück.

Die Art und Weise, wie er mit Ihren Lieben umgeht, zeigt, ob Sie zu besorgt sind oder ob er Sie betrügt. Wenn Männer betrügen, ziehen sie sich möglicherweise von ihren Familien und Freunden zurück. Es gibt jedoch nicht genügend Beweise, um Ihre Ablehnung zu begründen.

In Raymond Hoeks Buch „Red Flags" werden die verschiedenen Anzeichen dafür beschrieben, dass Ihr Freund oder Ihre Freundin Sie betrügt.

Die junge Frau ist hinterlistig und eifersüchtig.

Was tun Sie, wenn Sie herausfinden, dass er Sie betrügt?

Hier sind einige weitere Maßnahmen, die Sie ergreifen können, wenn Sie den Verdacht haben, dass Ihr Partner Sie betrügt.

Treffen Sie keine voreiligen Entscheidungen.

Achten Sie darauf, keine Urteile zu fällen, die Sie beeinflussen. Nehmen Sie sich etwas Zeit, um die Situation zu verstehen, und vermeiden Sie es, wegen Ihres untreuen Ehepartners andere Elemente Ihres Lebens zu vernachlässigen.

Selbstfürsorge ist wichtig.

Geben Sie sich nicht die Schuld für den Ehebruch Ihres Mannes. Nehmen Sie sich eine Minute Zeit, um sich zu entspannen und das Erlebnis zu genießen.

Akzeptieren Sie Ihre Emotionen, aber bleiben Sie nicht bei ihnen hängen.

Wenn Sie feststellen, dass Ihr Partner Sie betrügt, ignorieren Sie Ihre Gefühle nicht, aber lassen Sie sich auch nicht von ihnen verzehren. Entdecken Sie effektive Möglichkeiten, Ihre Aufmerksamkeit wieder auf den richtigen Weg zu lenken.

Konsultieren Sie vertrauenswürdige Freunde und Familienmitglieder.

Wenn Sie sich von dem, was Ihnen passiert ist, überfordert fühlen, sprechen Sie mit einer vertrauten Person. Es ist hilfreich, ein Unterstützungssystem zur

Verfügung zu haben, während Sie die Situation verarbeiten.

Lassen Sie sich von einem erfahrenen Beziehungsberater beraten.

Wenden Sie sich an einen Beziehungstherapeuten oder Berater, um zu erfahren, was zu tun ist, wenn Sie merken, dass Ihr Partner Sie betrogen hat.

„Fool Me Once" von Caroline Madden bietet wertvolle Anleitung für Frauen, die unter untreuen Partnern leiden.

Häufig gestellte Fragen.

Hier finden Sie einige Fragen und Antworten, die Ihnen dabei helfen sollen, mit dem schwierigen Thema Untreue in Partnerschaften umzugehen. Schauen Sie doch mal rein.

Ist er illoyal oder lasse ich mich nur von meinen Bedenken leiten? Welche Ansätze können genutzt werden, um die Wahrheit herauszufinden?

Wenn Sie glauben, dass Ihr Partner Sie betrügt, achten Sie auf Symptome wie Verhaltensänderungen, abnehmende Nähe, mangelnde Transparenz, eine plötzliche Änderung der Routine usw. Einige dieser Anzeichen können jedoch unbeabsichtigt auftreten.

Betrügt mich mein Partner oder bin ich übermäßig paranoid?

Wenn Sie ein offenes und ehrliches Gespräch mit ihnen führen, können Sie feststellen, ob sie betrügt oder misstrauisch ist. Es ist in Ordnung, sich möglicher Anzeichen für Betrug bewusst zu sein, aber sie sollten nicht dazu verwendet werden, wichtige Urteile zu fällen.

Wie verhält sich ein Mann, wenn er betrügt?

Wenn ein Mann des Fremdgehens beschuldigt wird, stellt sich möglicherweise die Frage: „Lügt er mich an oder bin ich paranoid?" Wenn ein Mann betrügt, kann er emotional isoliert und verschlossen werden. Wenn er mit seinen Handlungen konfrontiert wird, kann er distanziert und defensiv werden.

Warum scheint mein Partner mich zu betrügen?

Wenn Sie das Gefühl haben, dass Ihr Partner Sie betrügt, beschuldigen Sie ihn nicht. Erwägen Sie ein Gespräch mit Ihrem Ehepartner, das keine Anschuldigungen enthält. Hören Sie zu, ohne zu unterbrechen, und bitten Sie bei Bedarf um Klarstellung.

Treffen Sie eine fundierte Entscheidung.

Haben Sie sich schon einmal gefragt: „Bin ich paranoid oder betrügt er mich?" In diesem Beitrag erfahren Sie, was Sie tun sollten, wenn Sie das Gefühl haben, dass Ihr Ehepartner Sie betrügt. Manche Paare machen den Fehler, ihren Ehepartner explizit zu beschuldigen, nur um später festzustellen, dass sie zu ängstlich waren.

Führen Sie daher immer Ihre eigenen Recherchen durch und holen Sie den Rat eines erfahrenen Beraters ein, bevor Sie versuchen, die Wahrheit auf eigene Faust herauszufinden.

Zweiter Teil

Navigieren durch Denkmuster und Beziehungsdynamik bei paranoider Persönlichkeitsstörung

In diesem Abschnitt werden die kognitiven und verhaltensbezogenen Aspekte der PPD untersucht, um sie von ähnlichen Störungen abzugrenzen. Außerdem werden effektive Strategien für den Umgang mit betroffenen Personen erörtert. Durch das Verständnis dieser Denkmuster und ihrer Auswirkungen bieten wir praktische Erkenntnisse und Werkzeuge zur Unterstützung gesünderer Beziehungen und des persönlichen Wohlbefindens.

Kapitel 5

Analyse von Denkmustern bei Paranoia

A Wie bei anderen Persönlichkeitsstörungen basiert die Diagnose auf der Existenz von maladaptiven emotionalen, kognitiven und verhaltensbezogenen Komponenten über einen längeren Zeitraum. Daher sind unterstützende Daten erforderlich, die belegen, dass die Merkmale während der gesamten Adoleszenz oder des frühen Erwachsenenalters bestehen bleiben und nicht auf eine einzige Umgebung (z. B. therapeutische Begegnungen) beschränkt sind.

Die wahrscheinlichsten Alternativdiagnosen lauten wie folgt.

Normalität

Wenn man einen Patienten mit paranoider Persönlichkeitsstörung auf der Grundlage von Querschnittsmerkmalen identifiziert, ist es immer wichtig, seine natürliche Sensibilität gegenüber ungewöhnlichen Situationen mit einzubeziehen. Im Allgemeinen können Persönlichkeitsstörungen als übertriebene, fehlangepasste Versionen typischer Eigenschaften betrachtet werden (Widiger , Frances, Costa und Widiger 2002). „Die Paranoia des einen ist die vernünftige Vorsicht des anderen und das Vertrauen des einen ist die Leichtgläubigkeit des anderen ...", so das Sprichwort, was bedeutet, dass sich für paranoides Denken eine Dimensionsanalyse statt einer Kategorienanalyse eignet. Laut Blaney, Millon , Blaney und Davis (Blaney 1999: S. 343) ist es ein wichtiger Teil des Erwachsenwerdens, zu lernen, dass „nicht jeder, der vertrauenswürdig erscheint, auch vertrauenswürdig ist". Zu wissen, wie viel Vertrauen man anderen entgegenbringen kann, hängt von den Umständen ab, was ein „ärgerliches Urteilsdilemma" sein kann (Kramer 1998). Beispielsweise neigen Angehörige von Minderheiten möglicherweise eher zu Abwehrhaltungen, die im größeren gesellschaftlichen Kontext akzeptabel sind, als die Diagnose einer psychischen Erkrankung (siehe unten).

Eine epidemiologische Studie einer neuseeländischen Bevölkerungsstichprobe ergab, dass 12,6 % zumindest einige paranoide Merkmale aufwiesen (Reference Poulton, Caspi und MoffittPoulton 2000), und fast die Hälfte der amerikanischen College-Studenten berichtet von paranoiden Denkerfahrungen (Reference Ellett , Lopes und ChadwickEllett 2003). Infolgedessen empfinden viele Menschen Misstrauen und Argwohn; dennoch bleiben solche Einstellungen bestehen, da sie vorübergehend, flexibel und nicht sehr destruktiv sind.

Daher ist klinisch relevantes paranoides Denken am besten als vereinfachte Form eines regelmäßigen und flexiblen psychologischen Prozesses zu verstehen, der einem evolutionären Zweck dient, indem er es einfach macht, Gefahren für sich selbst durch andere zu spüren. Die Therapie der paranoiden Persönlichkeitsstörung kann von konzeptionellen Modellen profitieren, die Normalität als Kontinuum und nicht als Gleichwertigkeit betrachten.

Persönlichkeitsprobleme gibt es in zahlreichen Formen.

Die klinischen Anzeichen einiger Persönlichkeitsstörungen können denen einer paranoiden Persönlichkeitsstörung ähneln.

Schizoide Persönlichkeitsstörung

Soziale Distanz ist ein Merkmal der schizoiden Persönlichkeitsstörung. Personen mit dieser Störung hingegen sind an anderen Menschen nicht interessiert und ziehen es vor, nicht mit ihnen zu interagieren, im

Gegensatz zu Angst vor ihnen, wie dies bei paranoiden Persönlichkeitsstörungen der Fall ist.

Schizotypie ist eine der existierenden Persönlichkeitsstörungen.

Diese Erkrankung ist durch ein gewisses Misstrauen gegenüber anderen gekennzeichnet, weist aber auch erhebliche kognitive und Denkfehler auf, die sich von denen bei der paranoiden Persönlichkeitsstörung unterscheiden.

Ein Persönlichkeitsmerkmal, das durch Vermeidung gekennzeichnet ist.

Die vermeidende Persönlichkeitsstörung ist wie die paranoide Persönlichkeitsstörung durch ein gewisses Misstrauen gegenüber anderen und einen daraus resultierenden sozialen Rückzug gekennzeichnet. Allerdings ist die vermeidende Person viel weniger bereit, in anderen Bosheit zu sehen. Ihr Problem ist, dass es ihr an Selbstvertrauen mangelt und sie glaubt, in sozialen Situationen unzureichend zu sein.

Eine durch Narzissmus gekennzeichnete Persönlichkeitsstörung.

Das überwältigende Anspruchs- und Größengefühl, das die narzisstische Persönlichkeitsstörung kennzeichnet.

Stress kann Symptome einer paranoiden Persönlichkeitsstörung auslösen.

Asoziales Verhalten ist ein Zeichen einer Persönlichkeitsstörung.

Die wiederholte Verletzung der Rechte anderer ist ein wichtiger Bestandteil der antisozialen Persönlichkeitsstörung. Personen mit paranoider Persönlichkeitsstörung können anderen aus Rache oder als Präventivschlag Schaden zufügen. Es kann jedoch schwierig sein, zwischen den nachträglichen Rechtfertigungen antisozialer Menschen für ihr zwischenmenschlich destruktives Verhalten und den berechtigten, obsessiven Ansichten über die bösen Absichten der Opfer zu unterscheiden.

Persönlichkeitsstörung mit Borderline-Merkmalen

Bei Patienten mit Borderline-Persönlichkeitsstörung können stressbedingte paranoide Vorstellungen und Wutanfälle auftreten, die jedoch möglicherweise nicht so lange anhalten wie bei Patienten mit paranoider Persönlichkeitsstörung.

Begleiterkrankungen.

Komorbidität ist für mehr als die Hälfte aller Fälle von paranoider Persönlichkeitsstörung und anderen Persönlichkeitsstörungen verantwortlich. In forensischen Populationen wird die antisoziale Persönlichkeitsstörung häufig mit der paranoiden Persönlichkeitsstörung in Verbindung gebracht.

Sorge um soziale Situationen

Obwohl Angstsymptome zunächst als Folge einer paranoiden Persönlichkeitsstörung auftreten können, wird ein gründlicher Geisteszustandstest die zugrunde liegenden paranoiden Kernmerkmale aufdecken. Es gibt einige Ähnlichkeiten mit Angststörungen wie sozialer Phobie und sozialer Angst, da beide zu sozialer Distanzierung und Sorge darüber führen können, wie andere Sie sehen. Der grundlegende Unterschied besteht darin, dass die paranoide Persönlichkeitsstörung eher durch schreckliche Menschen gekennzeichnet ist, die sich selbst verletzen wollen, als durch Angst vor unangenehmen zukünftigen Ereignissen oder öffentlicher Kontrolle. Laut Reich und Braginsky (1994) leiden mehr als die Hälfte der Menschen mit paranoider Persönlichkeitsstörung auch an einer Panikstörung.

Depression

Der Zusammenhang zwischen Stimmung und paranoidem Denken ist kompliziert. Depressive Erkrankungen können paranoide Symptome hervorrufen, meist mit dem zugrunde liegenden Motiv, von anderen verfolgt zu werden; dies ist als „schlechtes-Ich-Paranoia" bekannt (Referenz Chadwick, Trower und Juusti -Butler Chadwick 2005). Eine umfassende Längsschnittanamnese kann helfen, die Störungen zu unterscheiden; wenn offensichtliche Symptome und Anzeichen einer depressiven Erkrankung vorhanden sind, müssen diese aggressiv behandelt werden, bevor eine definitive Diagnose einer paranoiden Persönlichkeitsstörung gestellt werden kann.

Der Zustand der Wahnvorstellung

In der Praxis ist die Wahnerkrankung die schwierigste Differentialdiagnose. Wahnhafte Störungen sind durch anhaltende, nicht bizarre Wahnvorstellungen ohne andere Anzeichen einer psychotischen Erkrankung gekennzeichnet, während sich paranoide Persönlichkeitsstörungen durch das Fehlen chronischer psychotischer Symptome auszeichnen. Dieser Widerspruch wirft jedoch die Frage auf, wie man Illusionen von stark ausgeprägten, ausgeprägten (manchmal als „überbewertet" bezeichneten) Ansichten unterscheiden kann. Der Grad der Beeinträchtigung der Realitätsprüfung ist ein wichtiger Unterschied: Personen mit paranoider Persönlichkeitsstörung können zumindest die Möglichkeit in Betracht ziehen, dass ihre Vermutungen unbegründet sind oder dass sie überreagieren, während wahnhafte Störungen wahrscheinlich gerechtfertigt sind, wenn sie mit unverbesserlicher Überzeugung an Verfolgungsvorstellungen festhalten, was weitreichende Auswirkungen auf das Verhalten hat (Skodol , Oldham, Skodol und Bender, 2005).

Um die Sache noch komplizierter zu machen: Wahnvorstellungen können sich im Zusammenhang mit einer sensiblen, paranoiden Persönlichkeit allmählich entwickeln oder durch ein belastendes Erlebnis ausgelöst werden. Dies ist jedoch nicht immer der Fall.

In Wirklichkeit sind sich Psychologen in bestimmten Fällen nicht einig, und die Genauigkeit, mit der Personen mit paranoidem Verhalten erkannt werden können, muss erst noch objektiv nachgewiesen werden (Haynes 1986). Und obwohl sich beide Störungen genetisch von der

Schizophrenie zu unterscheiden scheinen (Asarnow , Nuechterlein und FogelsonAsarnow 2001 ; Cardno und McguffinCardno 2006), ist es genetischen Studien nicht gelungen, zwischen Wahnvorstellungen und paranoider Persönlichkeitsstörung zu unterscheiden.

Diese diagnostische Frage ist Teil einer größeren Debatte über die Grenzen der Psychose sowie eines Wiederauflebens der Vorstellung, dass psychotische Symptome am besten als dimensionale Phänomene auf einem Kontinuum mit normalen Erfahrungen konzeptualisiert werden (Referenz Claridge und ClaridgeClaridge 1997; Referenz van Os , Hanssen und Bijlvan Os 2000; Referenz Bentall und TaylorBentall In seiner grundlegenden Arbeit bot Strauss (1969) vier Kriterien für die Bestimmung der Schwelle zur klinisch psychotischen

- Bestätigung, dass das ausgezeichnete Erlebnis zutreffend war.
- das Ausmaß, in dem Kultur oder Reize die Erfahrung verändern
- die für das Erlebnis aufgewendete Zeit.
- Das Erlebnis ist unmöglich.

Andere haben betont, dass der wichtigste Unterschied die Auswirkung der Symptome auf die Fähigkeit zur Bewältigung des Alltags bzw. der Funktionsschaden sei, den sie verursachen.

Die Unterschiede sind gering, haben aber therapeutische Auswirkungen, die über die akademische Neugier hinausgehen. Mit Ausnahme schwerer Dekompensation sind Menschen mit Persönlichkeitsstörungen selten Kandidaten für eine Zwangsbehandlung, und wenn ihr Verhalten zu Straftaten führt, können sie sich selten auf eine Strafverteidigung mit der Begründung mangelnder strafrechtlicher Schuld berufen. Patienten mit Wahnvorstellungen hingegen können für eine Zwangsbehandlung in Frage kommen und als nicht strafrechtlich schuldfähig gelten, wenn sie aufgrund ihrer Krankheit ein Verbrechen begehen.

Obwohl dieser Unterschied möglicherweise nie offensichtlich ist, sind eine sorgfältig dokumentierte Krankengeschichte und Chronologie der paranoiden Gedanken des Patienten sowie eine gründliche Beurteilung seines Geisteszustands hilfreich.

Andere Symptome einer psychotischen Störung.

Schizophrene Störungen müssen bei der Differentialdiagnose der paranoiden Persönlichkeitsstörung untersucht werden; das Vorhandensein anhaltender psychotischer Symptome und anderer Anzeichen von Schizophrenie macht diese Unterscheidung normalerweise deutlich. Andere psychische Erkrankungen, die paranoide Symptome verursachen können, sind:

- anhaltende organische Psychosen, wie sie beispielsweise mit Demenz einhergehen;

- Substanzbedingte Psychosen: Menschen mit paranoider Persönlichkeitsstörung neigen häufiger zum Drogenmissbrauch und zur Entwicklung dieser Störungen.

- kurze reaktive Psychosen, die durch akute Stressoren verursacht werden: Komorbidität kann auftreten, und eine paranoide Persönlichkeitsstörung kann zu solchen kurzen psychotischen Episoden prädisponieren (Referenz Miller, Useda , Trull, Adams und SutkerMiller 2001), insbesondere im Zusammenhang mit akuten Stressfaktoren wie

Inhaftierung, Migration oder Einberufung zum Militärdienst.

Psychologische Ansätze

Das Verständnis paranoider Wahrnehmung und Verhaltens im Allgemeinen kann Ärzten helfen, Patienten mit paranoider Persönlichkeitsstörung besser zu verstehen und zu behandeln. Obwohl sich die Mehrzahl der bereitgestellten Modelle auf einen einzigen Prozess konzentriert, scheinen häufig viele kognitive, verhaltensbezogene und soziale Prozesse beteiligt zu sein, die interagieren und sich gegenseitig verstärken. Daher sollten die unten diskutierten Mechanismen (basierend auf Studien mit Teilnehmern mit einer Vielzahl paranoider Störungen) nicht als exklusive, konkurrierende Theorien, sondern als Beschreibungen verschiedener möglicher alternativer Wege zur Paranoia betrachtet werden, wobei sich ihre relative Bedeutung im Laufe der Zeit ändert.

Vorurteile in der Wahrnehmung

Paranoide Menschen haben eine externalisierende, persönliche Attributionsverzerrung, was bedeutet, dass sie andere für unangenehme Ereignisse in ihrem Leben verantwortlich machen, anstatt ihren eigenen möglichen

Zusammenhang mit Problemen zu untersuchen (Reference Bentall, Corcoran und HowardBentall 2001; Reference Bentall und Taylor 2006). Vorurteile gegenüber anderen und deren wahrgenommene Böswilligkeit verschärfen und verzerren die übliche eigennützige Verzerrung, bei der unangenehme Ergebnisse externen Quellen zugeschrieben werden (Campbell und SedikidesCampbell 1999). Es gibt eine ähnliche Tendenz, Kontextinformationen bei der Erklärung negativer Ergebnisse zu wenig zu nutzen (Gilbert, Pelham und KrullGilbert 1988).

Laut Bentall und TaylorBentall (2006) ist der Attributionsbias eine psychologische Abwehr gegen ein zugrunde liegendes geringes Selbstwertgefühl, die aktiviert wird, wenn das positive Selbstbild einer Person in Frage gestellt wird. Obwohl es Hinweise darauf gibt, dass Personen mit Paranoia sowohl in klinischen als auch in nicht-klinischen Stichproben ein geringes Selbstwertgefühl haben (Martin und Penn, 2001; Ellett , Lopes und Chadwick, 2003; Combs und Penn, 2004), ist die Beziehung zwischen Selbstwertgefühl, paranoidem Denken und Verhalten komplex. Wie bereits zuvor festgestellt, gibt es Hinweise auf Untergruppen mit geringem Selbstwertgefühl und schlechter Stimmung, die glauben, die wahrgenommene Verfolgung sei gerechtfertigt – die „Böse-Ich-Paranoia" (Chadwick, Trower und Juusti -Butler 2005). In solchen Fällen ist die äußerliche Abwehr durch externe Verantwortungszuschreibung möglicherweise nur teilweise wirksam bei der Unterdrückung trüber Gefühle.

Einflussfaktoren auf die Datenverarbeitung:

Kontextuelle, situative Attributionen erfordern oft mehr Informationen und kognitive Ressourcen als externe, persönliche Attributionen. Wenn die kognitive Belastung zunimmt, neigen Menschen dazu, standardmäßig zu externen, persönlichen, „paranoiden" Attributionen zu tendieren. Dies könnte mit dem angenommenen Zusammenhang zwischen paranoiden Erkrankungen und Hirnschäden zusammenhängen (MunroMunro 1988). Hörverlust beispielsweise wird seit langem mit einem erhöhten Risiko paranoider Denkweisen in Verbindung gebracht.

Kleine Funktionsdefizite, die die sozialen Fähigkeiten beeinträchtigen, werden mit Paranoia in Verbindung gebracht. Soziale Ängste und subklinische Paranoia werden mit emotionalen und sozialen Wahrnehmungsdefiziten in Verbindung gebracht (Combs und PennCombs , 2004). Defizite in der „Theory of Mind", also der Fähigkeit, die Absichten und Geisteszustände anderer zu erkennen, werden ebenfalls mit paranoider Denkweise in Verbindung gebracht.

Dies kann die Feststellung situativer (und nicht persönlicher) Zuschreibungen für negative soziale Interaktionen erschweren , da die Unfähigkeit, den Standpunkt einer anderen Person zu verstehen, persönliche Zuschreibungen begünstigen kann. Wenn man beispielsweise nicht erkennt, dass ein Kollege möglicherweise durch Stress abgelenkt war (eine situative Zuschreibung), kann dies die persönliche Zuschreibung verstärken, dass der Kollege unangenehm ist.

Der Aufmerksamkeitsfehler, eine Verarbeitungsstörung, die in beiden klinischen Populationen nachgewiesen wurde, führt dazu, dass paranoide Personen bedrohungsbezogene Informationen bemerken und sich daran erinnern und sich daher davon besessen machen.

Zwischenmenschliche Beziehungen

Manche kulturellen Einflüsse neigen dazu, bei „normalen" Menschen paranoides Denken auszulösen.

Menschen mit paranoiden Persönlichkeiten neigen in solchen Situationen eher zu abweichenden Handlungen und Gedanken. Laut einem Modell, das auf der Erforschung solcher sozialer Auswirkungen basiert, werden bestimmte soziale Situationen eher auf eine Weise bewertet, die „dysphorisches Selbstbewusstsein" verursacht, was wiederum zu Hypervigilanz und Grübeln sowie zur Aktivierung paranoider kognitiver Vorurteile und Verhaltensweisen führt. Diese können das Gefühl der Unsicherheit verstärken und in einem Teufelskreis gipfeln.

Die folgenden Faktoren machen diese Zyklen wahrscheinlicher:

- sich dem Rest der sozialen Gruppe unähnlich fühlen, beispielsweise aufgrund des Geschlechts, der Hautfarbe oder der Erfahrung
- die Aufmerksamkeit einflussreicher Personen, beispielsweise leitender Angestellter, auf sich ziehen.
- Sorgen um den sozialen Status, zum Beispiel bei der Gründung eines neuen Unternehmens.

Andere haben in ähnlicher Weise die Möglichkeiten paranoiden Denkens in Situationen betont, in denen es um Folgendes geht:

- Unerwartete soziale Isolation oder Verlust.
- Erhebliche Störung normaler sozialer Netzwerke.
- Konfrontation mit Kontexten, in denen bisherige soziale Kompetenzen nutzlos sein können, wie etwa Einwanderung oder Gefängnis.
- erhebliche sensorische Defizite.
- Echte Schwäche und Tyrannei.

Paranoide Persönlichkeitsstörungen haben per Definition langfristige Merkmale, die auch ohne solche Ereignisse erkennbar sind. Wenn man andererseits versteht, wie solche Ereignisse paranoides Denken auslösen können, hilft das nicht nur dabei, vorherzusagen, wann Symptome einer paranoiden Persönlichkeitsstörung auftreten, sondern auch dabei, die paranoide Persönlichkeitsstörung von normalen Reaktionen auf bestimmte Situationen zu unterscheiden.

Abwärtsspirale der Paranoia

Viele dieser kognitiven, verhaltensbezogenen und sozialen Prozesse können sich gegenseitig verstärken und zu fatalen Kreisläufen zunehmender Paranoia führen. Solche Wege können therapeutische Veränderungen erschweren.

Menschen mit paranoider Persönlichkeitsstörung neigen zu den unten aufgeführten, sich selbst aufrechterhaltenden Prozessen.

Normalerweise ist es möglich, bei zumindest einigen Personen Hinweise auf böse Absichten zu finden, und dies wird allgemein als bestätigender Beweis dafür gesehen, dass die Person „von Anfang an Recht" hatte, misstrauisch zu sein.

Wenn andere Personen jedoch scheinbar unschuldig handeln, kann es sich dabei um eine „Fassade" oder einen „Trick" handeln.

Der Beweis einer negativen Tatsache, etwa dass der Ehepartner keine Affäre hat, ist konzeptionell schwierig; das Fehlen eines Beweises kann als Bestätigung einer „Vertuschung" angesehen werden.

Menschen mit paranoider Persönlichkeitsstörung sind oft sozial isoliert und im Umgang mit anderen zu vorsichtig. Dies kann Menschen davon abhalten, auf eine erkrankte Person zuzugehen, was dazu führt, dass sie unhöflich sind und sich von der Person abwenden.

Solche Bedingungen können die Angst einer Person verschlimmern und gleichzeitig ihre Isolation verstärken, eine selbsterfüllende Vorhersage, die als „reziproker Determinismus" bekannt ist (HaynesHaynes 1986). Dieser Kreislauf kann bei hartnäckigen, hartnäckigen Nörglern beobachtet werden, die im Allgemeinen aggressiveres und negativeres Verhalten von Menschen mit Macht provozieren (Mullen und LesterMullen 2006).

Da dauerhafter sozialer Rückzug die sozialen Kontakte einschränkt, kann die Weltanschauung paranoider Personen vor einzigartige Herausforderungen gestellt werden: Wenn keine zwischenmenschlichen Beziehungen bestehen, ist es schwierig, durch Erfahrung zu lernen, dass man anderen vertrauen kann.

Aus diesem Grund kann es schwierig sein, paranoides Denken und Verhalten zu ändern, wodurch ein sich selbst erhaltender, selbstzerstörerischer Kreislauf entsteht (Kramer 1998).

Die Androhung von Gewalt

Menschen mit paranoider Persönlichkeitsstörung neigen eher zu zwischenmenschlicher Gewalt, weil sie das Verhalten anderer als feindselig empfinden. Die meisten Forschungsdaten stammen von paranoiden Merkmalen, die in der Regel nicht zu einer diagnostizierbaren paranoiden Persönlichkeitsstörung führen und häufig in Verbindung mit anderen signifikanten Risikofaktoren auftreten. Obwohl es Hinweise darauf gibt, dass paranoide Merkmale die Wahrscheinlichkeit von Gewalt erhöhen, kann man von einer Person mit paranoider Persönlichkeitsstörung nicht erwarten, dass sie ein solches Verhalten in einer Hochrisikoform zeigt.

Querschnittsstudien haben gezeigt, dass paranoide Persönlichkeitsmerkmale mit einer Vergangenheit von Gewalt und antisozialem Verhalten in Zusammenhang stehen. Auch Jugendkriminalität steht in Zusammenhang mit paranoiden Merkmalen wie Misshandlung, Viktimisierung, Täuschung und der Verbreitung falscher Gerüchte. Eine große Längsschnittstudie in den USA ergab, dass paranoide Tendenzen in der Adoleszenz Aggression und kriminelles Verhalten in der späteren Adoleszenz und im frühen Erwachsenenalter vorhersagen, selbst wenn mehrere potenzielle Störfaktoren berücksichtigt wurden.

Eine Metaanalyse nicht-klinischer Populationen ergab, dass das Persönlichkeitsmerkmal des übermäßigen Grübelns, das bei paranoider Persönlichkeitsstörung zu erwarten ist, mit einer Neigung zu aggressivem Verhalten einhergeht, allerdings nur bei Provokation.

Dies zeigt, dass aggressives Verhalten bei paranoiden Menschen einer gewissen Provokation bedarf. Aufgrund ihrer verschiedenen kognitiven und Wahrnehmungsbeeinträchtigungen kann ihre Schwelle, sich provoziert zu fühlen, jedoch äußerst niedrig sein; eine andere Studie ergab, dass paranoide Symptome mit dem Beginn gewalttätiger Auseinandersetzungen verbunden waren. Spezifische Ängste hinsichtlich der Treue in intimen Beziehungen, die häufig mit paranoider Persönlichkeitsstörung in Verbindung gebracht werden, sind auch mit einem erhöhten Risiko verbunden, dem Partner und anderen Gewalt anzudrohen und zu initiieren.

Wege zur Gewalt bei Paranoia.

Menschen, die paranoid denken, verhalten sich aus verschiedenen Gründen eher aggressiv. Aktuelle Theorien zur Aggression erkennen erhebliche Verzerrungen bei der kognitiven Verarbeitung, der Emotionsregulierung und der Verarbeitung sozialer Informationen an. Personen mit geringem Selbstwertgefühl und geringer Sensibilität für den sozialen Status reagieren möglicherweise zu empfindlich auf eingebildete Gefahren für ihren Status sowie für die tatsächliche Sicherheit. Infolgedessen kann eine paranoide Person dazu neigen, sowohl strafendes als auch präventives gewalttätiges Verhalten gegenüber anderen an den Tag zu legen.

Sie sind auch eher misstrauisch und wütend, wenn sie angegriffen werden, und grübeln über frühere Verfehlungen anderer nach, was ihr Gewaltrisiko erhöhen kann . Darüber hinaus kann die bereits erwähnte „bösartige Spirale", in der Menschen mit Paranoia durch ihr verdächtiges, ungewöhnliches Verhalten leicht Feindseligkeit bei anderen hervorrufen, die Wahrscheinlichkeit erhöhen, dass sie tatsächlich mit feindlichem Verhalten anderer konfrontiert werden, was die Wahrscheinlichkeit von Aggression noch weiter erhöht.

Komorbide Erkrankungen sind entscheidend für die Diagnose und Reduzierung des Gewaltrisikos bei paranoiden Personen. Besonders belastend ist die Kombination aus einer paranoiden Tendenz, andere als feindselig zu betrachten, und geringen inneren Barrieren gegen Gewalt (zum Beispiel als Teil einer antisozialen Persönlichkeitsstruktur) (Blackburn & Coid Blackburn 1999). Wenn bei einer paranoiden Persönlichkeitsstörung eine akute psychische Erkrankung überwiegt, können aufgrund psychotischer, stimmungsbedingter oder Angstsymptome niedrigere Hemmschwellen für gewalttätiges Verhalten vorliegen (Kennedy, Kemp und Dyer Kennedy 1992; Buchanan, Reed und Wessel Buchanan 1993; Taylor 1998; Hodgins, Hiscoke und Freese Hodgins 2003).

Stalking, Drohungen und ungewöhnliches Meckern (Mullen und Lester Mullen 2006) sind allesamt negative Verhaltensweisen, die mit paranoiden Persönlichkeitsmerkmalen in Zusammenhang stehen.

Therapien für paranoide Persönlichkeitsstörung

Zu keiner der empfohlenen Behandlungen für paranoide Persönlichkeitsstörungen liegen randomisierte kontrollierte Studien vor. Trotzdem sollte die Krankheit nicht als unheilbar angesehen werden, und es besteht allgemeine Übereinstimmung über grundlegende Kriterien, die bei der angemessenen Behandlung des Problems zu beachten sind (Gabbard und GabbardGabbard 2000; FaginFagin 2004).

Grundsätzliche Konzepte

Differentialdiagnose und Komorbidität

Wie bereits erwähnt, müssen bei der Erkennung und Behandlung einer paranoiden Persönlichkeitsstörung alle damit verbundenen Persönlichkeitsstörungen und/oder psychischen Probleme berücksichtigt werden.

Behandlungsziele

Laut Bernstein et al. (2007) umfassen realisierbare langfristige Behandlungsziele:

- Akzeptieren und schätzen Sie Ihre eigene Verletzlichkeit.
- ihr Selbstwertgefühl verbessern.
- Verbessern Sie Ihren Ruf bei den Leuten.

Sie bringen ihre Gedanken offen zum Ausdruck, anstatt auf negative Methoden zurückzugreifen, wie andere zu meiden oder zu schikanieren.

Wie bei vielen Persönlichkeitsstörungen verläuft die Krankheit wahrscheinlich nur langsam voran. Manche gehen davon aus, dass eine Behandlungsdauer von mindestens 12 Monaten erforderlich ist, um festzustellen, ob die Therapie von Nutzen ist (Bateman und Tyrer Bateman 2004).

Gegenübertragung

Patienten mit paranoider Persönlichkeitsstörung neigen eher dazu, bei ihren Ärzten intensive Schutzreaktionen und sogar aggressive Gegenübertragungsreaktionen hervorzurufen. Ärzte sollten reflexartige Gegenangriffe vermeiden, die häufig zu Distanz oder Gewalt führen. Sie sollten sich davor hüten, die Möglichkeit von Gewalt durch Selbstüberschätzung oder schlichte Verleugnung herunterzuspielen, insbesondere bei weiblichen Patienten. Sie sollten ehrlich und hart sein, wenn nötig, und erklären, warum bestimmte Entscheidungen getroffen wurden, auch wenn sie unpopulär waren. Rechnen Sie damit, auf Widerstand zu stoßen.

Ablehnung von Autorität und Sensibilität.

Andere neigen eher dazu, Menschen mit paranoiden Symptomen in Behandlung zu überweisen. Zwangstherapie ist weder ethisch noch rechtlich zulässig, wenn keine gleichzeitig bestehende psychische Störung vorliegt. Menschen mit paranoider Persönlichkeitsstörung können an sinnvoller Therapie teilnehmen, aber Gewalt oder Täuschung werden wahrscheinlich keine Ergebnisse erzielen. Der Arzt sollte es vermeiden, Bedenken zu äußern. Wenn beispielsweise zwischen mehreren an der Behandlung des Patienten beteiligten Experten kommuniziert wird, sollte der Patient informiert werden. Die Quelle der Informationen in der Akte (ob vom Patienten oder einer anderen Quelle) muss eindeutig identifiziert werden. Es ist wichtig, dem Patienten dabei zu helfen, seine Würde zu bewahren und ihm das Gefühl zu geben, eine gewisse Kontrolle über sein Leben und seine Behandlung zu haben.

Verwaltung von Grenzen

Paranoide Menschen neigen eher dazu, die freundlichen Gesten oder aufmunternden Worte eines Arztes als Deckmantel für schändlichere Absichten zu betrachten. Aus diesem Grund ist die Annahme eines

„warmen" Therapieplans nicht zu empfehlen. Vermeiden Sie Körperkontakt und zu nahes Beieinandersitzen. Eine paranoide Haltung würde mit Sicherheit mehr physischen Freiraum erfordern als der Durchschnittsmensch. Gruppentherapie sollte im Allgemeinen vermieden werden.

Unausgeglichene Emotionen.

Jede Stimmungsänderung des Patienten muss dem Arzt gemeldet werden. Patienten können echte Angst (und vielleicht Selbstmordgedanken) verspüren, wenn sie erkennen, wie sehr ihre paranoiden Aktivitäten sie entfremdet haben. Wenn klinische Beweise darauf hinweisen, dass sich ein depressiver Zustand verschlechtert, sollten antidepressive Medikamente verabreicht werden.

Psychotherapie

Personen mit schweren Persönlichkeitsstörungen, insbesondere solche mit paranoiden Symptomen, können auf lange Sicht von einer Kombination aus psychosozialer stationärer Betreuung und Psychotherapie profitieren (Chiesa und FonagyChiesa 2003). Individuelle unterstützende dynamische Psychotherapie (Gabbard und

Gabbard, 2000) und Schematherapie (Young, Klosko und Weishaar , 2003) wurden ebenfalls als Behandlungsmethoden für PPD empfohlen.

Der kognitive Therapieansatz von Beck und Kollegen für paranoide Persönlichkeitsstörungen (Referenz Beck, Freeman, Davis, Beck, Freeman und DavisBeck 2004) ist für allgemeine Psychiater möglicherweise der erfolgreichste. Das grundlegende Konzept besteht darin, dass klinische Paranoia eine systematisierte und zu weit gefasste Darstellung eines normalen adaptiven psychologischen Prozesses ist. Da das zugrunde liegende kognitive Modell unzureichend ist, besteht das Hauptziel einer solchen Therapie darin, das Selbstwirksamkeitsgefühl des Patienten zu stärken und gleichzeitig offen zuzugeben, dass er therapeutischer Unterstützung gegenüber skeptisch ist, insbesondere in den frühen Stadien.

Auch soziale Fähigkeiten wie Durchsetzungsvermögen, Kommunikation und Empathie können sich verbessern. Längerfristig wird der Drang, Schuld zuzuweisen, hinterfragt und angegangen, um den Teufelskreis zu durchbrechen. Konkrete Ziele können die Überzeugung sein, dass andere immer feindselig und unehrlich sind oder dass man immer auf Gefahren vorbereitet sein muss. Die Praxis des „kollaborativen Empirismus", bei dem Therapeut und Patient die Standpunkte des Patienten im Lichte objektiver Beweise prüfen, kann wirksam sein. Während dieses Prozesses ist es wichtig zu erkennen, dass die Sorgen des Patienten um andere möglicherweise auf der Realität beruhen.

Pharmakotherapie

Die Rolle von Medikamenten bei rein paranoider Persönlichkeitsstörung ist unklar. Wenn solche Krankheiten auf einer Stufe mit wahnhaften Störungen stehen, wäre eine antipsychotische Behandlung möglicherweise zulässig (Kendler und Gruenberg, 1982). Allerdings sind derzeit keine Medikamente dieser Art ausdrücklich für diesen Zweck zugelassen.

Begleiterscheinungen wie Depressionen und Angststörungen sowie das Auftreten psychotischer Erkrankungen können eine Therapie erforderlich machen.

Skepsis gegenüber den Absichten anderer Menschen ist weit verbreitet, insbesondere in bestimmten sozialen Situationen. Solches Denken kann jedoch sowohl schädlich als auch kontraproduktiv sein. Menschen mit paranoiden Zügen können in einer Vielzahl von Situationen auftreten, darunter auch ehemals gesunde Menschen, die erheblichem Stress ausgesetzt waren, Menschen mit psychischen Erkrankungen und Menschen mit Persönlichkeitsstörungen, insbesondere der paranoiden Persönlichkeitsstörung. Obwohl es an wissenschaftlicher Forschung zur paranoiden Persönlichkeitsstörung mangelt, können Psychiater diese komplexe und ernste Erkrankung diagnostizieren und behandeln, indem sie die zugrunde liegenden psychologischen Prozesse untersuchen und spezifische Behandlungsstrategien anwenden.

Emotionale Landschaft: Gefühle und Reaktionen bei PPD.

Wie häufig kommt es bei Männern zu postpartalen Depressionen?

10 bis 20 % aller jungen Mütter leiden an PPD. Obwohl Jungen seltener an PPD erkranken, ist dies nicht ungewöhnlich.

Im Gegensatz zu leiblichen Müttern werden Väter seltener auf PPD untersucht, was dazu führen kann, dass mehr Männer die Symptome nicht angeben.

Dies macht es schwierig, die Anzahl der Männer mit PPD zu schätzen. Andererseits wird geschätzt, dass jeder zehnte Mann von PPD betroffen ist.

„PPD kommt bei Männern viel häufiger vor, als viele glauben", sagt der Psychotherapeut Saqib Bajwa . „Innerhalb von drei bis sechs Monaten nach der Geburt eines Kindes erleben acht bis zehn Prozent der Männer eine Reihe von starken Gefühlen, allen voran Depressionen."

Während für PPD bei Frauen allgemein anerkannte Diagnosekriterien vorliegen, sind dies für Männer nicht der Fall und es ist immer noch unbekannt, wie viele Männer an dieser Krankheit leiden.

„Da darüber nicht oft gesprochen oder es behandelt wird, gibt es keine guten Belege dafür, wie weit verbreitet es ist", sagt die Therapeutin Marcella Blum. „Bei Männern werden häufig fälschlicherweise andere psychische Erkrankungen diagnostiziert."

Warum leiden Männer unter postnatalen Depressionen?
Trotz neuerer Studien sind Psychologen und Psychiater weiterhin ratlos, was die Ursachen oder Risikofaktoren für PPD bei Männern angeht. Sie sind jedoch der Meinung,

dass einige Faktoren einen erheblichen Einfluss auf PPD bei Vätern haben könnten.

Neugeborene lösen starke Emotionen aus.

Auch wenn Sie die eigentliche Entbindung nicht durchgemacht haben, hat sich Ihre Umgebung verändert, was sich auf Ihren Schlaf, Ihren Stress, Ihre Beziehungen und andere Faktoren auswirkte.

Renee Goff, eine zertifizierte klinische Psychologin, fügt hinzu, dass „[Männer] starke Emotionen auslösen können, wenn sie sehen, was ihre Partnerin bei der Geburt durchgemacht hat, insbesondere wenn die Geburt schmerzhaft war oder es Komplikationen gab.

Nach der Geburt eines Kindes kann es passieren, dass ein Mann den Kontakt zu seiner Frau verliert, weil der elterliche Instinkt die Oberhand gewinnt und sich der Fokus auf das Baby und seine Pflege verlagert. Dies kann möglicherweise zu Eheproblemen führen.

„Sie erleben eine Veränderung in der Familiendynamik und spüren oft nicht die starke Verbindung, die Mütter zu ihren Babys haben, sodass sie Schuldgefühle, Scham oder Hilflosigkeit verspüren", sagt Blum. Manche Väter glauben, dass sie ihre Gefühle unterdrücken müssen, um in ihrer Beziehung präsent zu sein.

Unzureichender Schlaf.

„Ein Schlüsselelement der PPD bei Männern ist Schlafmangel", bemerkt Blum. „Wie wir alle wissen, kann Schlafmangel Konzentrationsschwäche, Reizbarkeit, Melancholie, Hungerschwankungen und Gewichtszunahme verursachen."

Sie führt weiter aus, dass dies „die Leistungsfähigkeit des Vaters in den ersten Monaten seiner Vaterschaft ebenso beeinträchtigen kann wie die Fähigkeit der Mutter, eine richtige Bindung zur Mutterschaft aufzubauen."

Hormonelle Schwankungen

Während hormonelle Veränderungen beim gebärenden Elternteil gut belegt sind, deuten Forschungsergebnisse darauf hin, dass die Elternschaft auch hormonelle Auswirkungen auf den nicht gebärenden Elternteil haben kann.

Einer Studie aus dem Jahr 2011 zufolge sank der Testosteronspiegel frischgebackener Väter nach der Geburt ihres Kindes um 26 bis 34 Prozent (je nach Tageszeit). Dieselbe Studie ergab, dass Männer, die die meiste Zeit mit der Betreuung ihrer Kinder verbrachten, einen niedrigeren Testosteronspiegel hatten, da ihre Bindung zu ihrem Kind zunahm.

Testosteronabfälle gelten als Mechanismus, durch den der Körper eines Mannes Aggressionen unterdrückt und gleichzeitig die empathische Reaktion auf ein schreiendes Kind erhöht. Wie Blum jedoch betont, kann ein Rückgang des Testosteronspiegels Auswirkungen haben auf

Stimmung, Schlaf, Appetit und Motivation

Eine Studie aus dem Jahr 2007 zeigte außerdem, dass Eltern während der gesamten Schwangerschaft und noch viele Monate nach der Geburt ihres Kindes unter Hormonschwankungen leiden können.

Zu diesen hormonellen Anomalien gehörten ein Rückgang des Testosterons und ein Anstieg von:

Östrogen, Cortisol, Vasopressin und Prolaktin sind alles Hormone.

Hormonelle Veränderungen können zwar dazu beitragen, dass Eltern eine Bindung zu ihrem Neugeborenen aufbauen, sie können jedoch auch das Risiko einer PPD erhöhen.

Vorgeschichte einer Geisteskrankheit.

Laut Goff kann eine Depression vor der Geburt eines Kindes das Risiko für die Entwicklung einer PPD erhöhen. Dies gilt unabhängig davon, ob Sie die Mutter oder der Vater sind, cisgender oder transgender.

Die Symptome einer PPD sind von Person zu Person unterschiedlich, die häufigsten Symptome sind jedoch, wie bei Frauen, Besorgnis und Traurigkeit.

Männer beschreiben ihre Empfindungen oft wie folgt: Ohnmacht und schuldbasierter Groll

Weitere mögliche Symptome sind:

Energieverlust durch Unbehagen oder Besorgnis, mangelnde Begeisterung für Aktivitäten.

Veränderungen im Hunger, Konzentrationsschwierigkeiten, aggressives Verhalten und Impulsivität

Reizbarkeit

Die Schwierigkeit, das eigene Gewicht im Schlaf anzupassen

Selbstmordgedanken und Gefühle der Abgeschiedenheit sind schwierig. Gedanken, dem Kind Schaden zuzufügen

Suizidprävention

Denken Sie daran, dass Sie nicht allein sind und dass Ihnen Optionen zur Verfügung stehen. Wenn Sie jetzt mit jemandem sprechen müssen, rufen Sie die National Suicide Prevention Lifeline unter 800-273-8255 an, die 24 Stunden am Tag, sieben Tage die Woche erreichbar ist.

Die Crisis Textline erreichen Sie, indem Sie „HOME" an die 741741 senden.

Wenn Sie nicht in den Vereinigten Staaten sind, kann Ihnen Befrienders Worldwide möglicherweise dabei helfen, eine Hotline in Ihrem Land zu finden.

Die Auswirkungen von PPD

„Eltern ignorieren PPD normalerweise wegen des damit verbundenen Stigmas", erklärt Goff. „In der heutigen Gesellschaft wird von Jungs im Allgemeinen erwartet, dass sie ‚einfach darüber hinwegkommen', ‚sich zusammenreißen ' oder ‚ein Mann sein'. Außerdem ist ein ‚ wütender und ungeduldiger' Junge gesellschaftlich eher akzeptiert."

Eine postpartale Depression kann sich negativ auf Ihre psychische Gesundheit sowie auf Ihre Familie und Ihr Kind auswirken.

Eine Studie aus dem Jahr 2011 ergab, dass Neugeborene trauriger Väter über ein größeres Maß an Unbehagen berichteten, während eine andere Studie aus dem Jahr 2011 herausfand, dass Kinder trauriger Väter möglicherweise ein höheres Risiko haben, emotionale oder Verhaltensprobleme zu entwickeln.

Eine Studie aus dem Jahr 2016 brachte Depressionen der Eltern mit Aggressivität bei Kindern im Alter von 0 bis 4 Jahren in Verbindung, während eine Studie aus dem Jahr 2017 herausfand, dass Depressionen des Vaters die Wahrscheinlichkeit erhöhen, dass ein Kind in der frühen Kindheit eine psychische Störung entwickelt.

Es kann sich auch auf die Beziehung zu Ihrem Ehepartner auswirken und zu Folgendem führen:

Die Diagnose von Konflikt und Trennung

Da nicht gebärende Mütter und Väter selten systematisch untersucht werden, sollten Sie bei Symptomen einer PPD Ihren Arzt oder Therapeuten aufsuchen.

Ihr Arzt kann mithilfe eines Tests andere medizinische Ursachen für Ihre Symptome ausschließen.

Behandlung

Wenn bei Ihnen PPD diagnostiziert wurde, kann Ihr Arzt oder Therapeut Sie bei der Entwicklung eines geeigneten Behandlungsplans unterstützen. Möglicherweise müssen Sie einige verschiedene Dinge ausprobieren, bevor Sie entscheiden, was für Sie am besten funktioniert.

Behandlungsschemata für PPD umfassen häufig eine Kombination der folgenden Maßnahmen:

Zur Auswahl stehen Therapie, Selbsthilfegruppen zur medikamentösen Behandlung, Hilfe durch Pflegekräfte, Selbstfürsorge und Änderungen des Lebensstils.

Die Schritte sind wie folgt:

Die Symptome einer postpartalen Depression bei Männern und nicht gebärenden Frauen werden oft übersehen. PPD hingegen kann eine verheerende Störung für Eltern und Väter sein und verheerende Folgen haben für

Zusammenhänge zwischen der Gesundheit und dem Wohlbefinden von Kindern

Es ist nicht möglich, die Symptome einer PPD „durchzustehen" oder „einfach zu überwinden". Das Ignorieren der Symptome einer PPD hilft nicht.

Professionelle Hilfe kann trotz des Stigmas und der Hürden hilfreich sein.

Wenn Sie glauben, dass Sie möglicherweise an einer PPD leiden, seien Sie sich bewusst, dass Sie nicht allein sind. Es ist wichtig, dass Sie Ihren Arzt oder Therapeuten konsultieren, wenn bei Ihnen Symptome auftreten.

Postpartale Depressionen können sowohl bei Männern als auch bei Frauen behandelt werden, häufig mit einer Kombination aus:

Psychotherapie, Medikamente, Selbstpflege und Änderungen des Lebensstils.

Soziale Unterstützung

Wenn Sie Hilfe suchen, sind Websites wie PostpartumDepression.org möglicherweise ein guter Ausgangspunkt. Sie sollten auch die Ratschläge von Psych Central zur Behandlung psychischer Probleme lesen.

Kapitel 6

Hier finden Sie einige Vorschläge zum Umgang mit einem paranoiden Ehepartner.

Was ist die eigentliche Bedeutung von Paranoia?

Bevor wir uns damit befassen, wie man mit paranoidem Denken umgeht, wollen wir es definieren.

Paranoid ist ein Begriff, der oft verwendet wird, um jemanden zu beschreiben, der misstrauisch, unterdrückt, argwöhnisch ist oder das Gefühl hat, ausgenutzt zu werden. Aber es geht noch darüber hinaus. Diese Eigenschaften weisen darauf hin, dass die Person ein geringes Selbstwertgefühl hat, pessimistisch ist oder negative Ereignisse erlebt hat, die ihre Sichtweise geprägt haben.

Menschen mit Paranoia fällt es schwer, anderen Menschen zu vertrauen.

Infolgedessen fällt es Betroffenen oft schwer, enge soziale und persönliche Beziehungen aufzubauen. Wahnhafte Störungen, paranoide Persönlichkeitsstörungen und Schizophrenie sind allesamt mögliche Ursachen für Paranoia. Schauen wir uns an, was sie bedeuten.

Wahnhafter Zustand.

Dieser Zustand führt dazu, dass Menschen Wahnvorstellungen entwickeln. Sie zeigen keine Anzeichen einer Geisteskrankheit, glauben aber an etwas, das in Wirklichkeit nicht existiert. Menschen glauben vielleicht, sie seien ein Kronprinz oder hätten eine Verbindung zu einer berühmten Berühmtheit, die sie nie getroffen haben.

Paranoia ist eine Art Persönlichkeitsstörung.

Dies ist die mildeste Form der Paranoia. Betroffene haben Schwierigkeiten, anderen oder der Welt zu vertrauen. Diese Art der Paranoia entwickelt sich als Folge schwerer Lebenserfahrungen.

Schizophrenie mit paranoiden Symptomen.

Dies ist die schlimmste Form der Paranoia, bei der die Person seltsame und absurde Wahnvorstellungen hat. Betroffene glauben beispielsweise, dass ihre Gedanken oder ihr Privatleben über soziale Medien weltweit verbreitet werden. Manche Menschen haben auch Halluzinationen.

Nachdem wir nun den am weitesten verbreiteten paranoiden Zustand ermittelt haben, wollen wir darüber sprechen, wie man mit paranoiden Menschen umgeht.

Umgang mit einem paranoiden Kollegen.

Was sind die Ursachen einer paranoiden Persönlichkeitsstörung?

Obwohl die spezifische Ätiologie der paranoiden Persönlichkeitsstörung unklar ist, sind im Folgenden einige mögliche Ursachen für Paranoia aufgeführt.

1. Biologische Komponenten.

Studien zufolge beeinflusst unsere DNA einige unserer Persönlichkeitsmerkmale. Mehreren Studien zufolge könnte die Genetik bei der Entwicklung einer paranoiden Persönlichkeitsstörung eine Rolle spielen.

Den oben genannten Studien zufolge ist die paranoide Persönlichkeitsstörung in Familien mit einer Psychose-Vorgeschichte weit verbreitet.

Es ist unklar, ob solch unlogisches Verhalten genetisch an zukünftige Generationen weitergegeben wird, obwohl es durchaus plausibel ist.

2. Hirnverletzung.

Forschungsergebnisse deuten auf einen Zusammenhang zwischen Hirnverletzungen und der Entwicklung einer paranoiden Persönlichkeitsstörung hin. Manche Menschen entwickeln nach einer Hirnverletzung Paranoia.

3. Zusätzliche Faktoren.

Während die Genetik eine große Rolle spielt, kann auch die Umgebung einer Person einen erheblichen Einfluss auf die Entwicklung einer paranoiden Persönlichkeitsstörung haben. Kindheitstraumata, Vernachlässigung durch die Eltern, Mobbing oder sexuelle Belästigung können schwerwiegende Auswirkungen auf die psychische Gesundheit haben und zu einer paranoiden Persönlichkeitsstörung führen.

Welche Auswirkungen hat die paranoide Persönlichkeitsstörung auf Beziehungen?

Es ist schwer, jemanden mit paranoider Persönlichkeitsstörung zu lieben. Das bringt seine eigenen Herausforderungen mit sich, und um die Verbindung aufrechtzuerhalten, müssen Sie lernen, mit einer fehlgeleiteten Person umzugehen. Hier sind einige Beispiele dafür, wie sich Paranoia auf Beziehungen auswirkt.

Die paranoide Person hat möglicherweise Schwierigkeiten, ihrem Partner zu vertrauen und sucht möglicherweise unnötigerweise bei jedem nach einer Bestätigung ihres Aufenthaltsortes.

Eine paranoide Person kann gegenüber ihrem Partner äußerst kritisch und unangenehm sein.

Aufgrund ihres Mangels an Sensibilität verletzen sie möglicherweise unbeabsichtigt die Gefühle ihres Partners und geben ihm dann die Schuld.

Sie erinnern sich möglicherweise an jedes Detail Ihres Verhaltens und sind wütend auf Sie.

Sie haben möglicherweise eine negative Einstellung gegenüber ihrem Partner und der Beziehung. Sie verhalten sich möglicherweise passiv-aggressiv gegenüber ihrem Partner.

Sie wollen möglicherweise die absolute Kontrolle über ihre Beziehungen und ihr Leben. Sie befehlen Ihnen möglicherweise, die gesamte Kommunikation mit Freunden und Familie einzustellen.

5 Möglichkeiten, mit einem paranoiden Ehepartner umzugehen.

Wenn Sie mit jemandem zusammenleben, bei dem gerade Paranoia diagnostiziert wurde, sollten Sie wissen, dass der bevorstehende Weg schwierig sein wird. Es kann Momente geben, in denen Sie alles aufgeben möchten, aber Sie werden dazu nicht in der Lage sein, da andere von Ihnen abhängig sind.

In solch ernsten Situationen wird Ihre Geduld häufig auf die Probe gestellt. Wie gehen Sie also mit jemandem um, der an Paranoia leidet? Hier sind fünf Techniken, um mit einem paranoiden Ehepartner fertig zu werden.

1. Ermutigen und unterstützen Sie sie bei ihren drogenbezogenen Aktivitäten.

Wenn Sie nachgewiesen haben, dass Ihr Partner unter Paranoia leidet, müssen Sie wissen, wie Sie mit einer paranoiden Person umgehen.

Bitte ermutigen Sie sie, medizinische Hilfe in Anspruch zu nehmen, um ihr Leben zu verbessern. Es kann für sie schwierig sein, Ärzten zu vertrauen und Medikamente abzulehnen, aber Sie müssen sie zu ihrem eigenen Wohl davon überzeugen.

Bieten Sie konsequent Unterstützung und Hilfe an. Eine frühzeitige Erkennung und Behandlung dieser Erkrankung kann das Leben vereinfachen und die Lebensqualität verbessern.

2. Setzen Sie in Ihrer Beziehung klare Grenzen.

Dieser Zustand ist durch Misstrauen, Argwohn und anhaltenden Argwohn gekennzeichnet.

Dies kann zu seelischem Unbehagen führen und Sie stehen oft kurz davor, mit Ihrem Schatz Schluss zu machen.

Um solche Debatten zu vermeiden, ist es notwendig, Grenzen zu setzen. So wird mit paranoiden Behauptungen umgegangen.

Konsultiere einen Experten und bespreche mit ihm deine Möglichkeiten. So verhinderst du, dass dein Freund dich aus Paranoia misshandelt.

3. Entwickeln Sie Ihre Kommunikationsfähigkeiten.

Sie sind sich dessen vielleicht nicht bewusst, aber wir machen jeden Tag ungenaue oder unklare Kommentare.

Wir erfahren es, wenn wir anfangen, mit einer paranoiden Person zusammenzuleben. Um Meinungsverschiedenheiten oder das Erregen von Paranoia zu vermeiden, müssen Sie sich daher angewöhnen, ehrlich und in eindeutiger Sprache zu kommunizieren.

Dies kann Ihnen dabei helfen, eine starke Bindung zu Ihrem Partner aufrechtzuerhalten und gleichzeitig zu verhindern, dass Ihnen sein Problem schadet.

Sehen Sie sich dieses Video an, um zu erfahren, wie Sie Ihre Kommunikationsfähigkeiten verbessern können.

4. Bestimmen Sie die wahrscheinlichen Gründe.

Wenn Sie wissen möchten, wie Sie mit einem wahnhaften oder paranoiden Ehepartner umgehen sollen, müssen Sie zunächst verstehen, warum er sich so verhält. Achten Sie auf Umstände, die die Symptome verschlimmern, und vermeiden Sie diese.

Betonen Sie stattdessen ihre positiven Eigenschaften und Fähigkeiten. Sie sollten die Möglichkeit in Betracht ziehen, dass sie nicht wissen, wie sie mit Paranoia umgehen sollen.

5. Legen Sie Wert auf gute soziale Beziehungen und Selbstfürsorge.

Selbstfürsorge ist für jeden wichtig, aber manchmal halten wir sie für selbstverständlich. Wenn Sie mit einer paranoiden Person zusammenleben, ist es jetzt an der Zeit, darauf zu achten. Beginnen Sie mit Selbstfürsorge und ermutigen Sie Ihren Partner, dasselbe zu tun. So können Sie sich mit positiver Energie umgeben, die Ihnen beiden hilft, sich besser zu fühlen.

Ähnlich verhält es sich mit paranoiden Menschen, die sich von ihrer Umgebung isolieren wollen, weil sie andere für nicht vertrauenswürdig halten. Dies kann vermieden werden, wenn Sie beide kleine Schritte in Richtung eines gesunden Soziallebens unternehmen.

Verbringen Sie viel Zeit mit Ihrer Familie und Ihren engsten Freunden. Geben Sie Ihrem Ehepartner das Gefühl, unterstützt zu werden, indem Sie die Anwesenheit fürsorglicher Menschen in seinem Leben hervorheben.

Wegbringen

Die Ungewissheit der Zukunft lässt uns im Dunkeln darüber, was vor uns liegt. Es können unerwartete Veränderungen eintreten, die Verwirrung stiften und uns vor die Entscheidung stellen, die Schwierigkeiten zu ignorieren oder anzugehen. Im Stich lassen ist jedoch in Beziehungen keine Option, insbesondere nicht mit einem paranoiden Partner. Es ist wichtig, sich mit dem Problem auseinanderzusetzen. Die folgenden Vorschläge zum Umgang mit einem paranoiden Partner können Ihnen helfen.

Bitte schauen Sie sich den nigerianischen Film „Marrieed to the Devil" an, um besser zu verstehen, welche verheerende Wirkung eine PPD auf Beziehungen haben kann.

Weitere Informationen zu den Ursachen, Anzeichen, Symptomen und Behandlungsmöglichkeiten von Paranoia finden Sie in meinem anderen Buch „Paranoide Persönlichkeitsstörung: Der ultimative Leitfaden für Ehepartner zum Verstehen der Symptome, Behandlung und Vorbeugung von PPD".

Kapitel 7

10 einfache Schritte, um die Paranoia in Ihrer Beziehung zu reduzieren

Yunser giftiges Beziehungsverhalten ist wieder aufgetaucht.

Sie fühlen sich unwohl, misstrauen Ihrem Partner und werden paranoid.

Sie fragen sich, ob sie wirklich unsterblich in Sie verliebt sind.

Sie beginnen, ihr Verhalten als Zeichen dafür zu interpretieren, dass sie Sie verlassen wollen – eine SMS, auf die sie nicht sofort reagiert haben, ein Abend, an dem Sie dachten, mit ihnen stimmt etwas nicht, ein bohrender Verdacht – unbegründet, aber vorhanden –, dass er sich mit einer anderen Frau trifft.

Haben Sie Erfahrung mit Beziehungsangst und Paranoia? Erkennen Sie das Muster?

Wenn dies der Fall ist, sollten Sie sich darüber im Klaren sein, dass Sie möglicherweise Anspruch auf Unterstützung haben.

Lassen Sie uns besprechen, wie man Misstrauen in einer Beziehung loswird.

Beziehungen und Ängste sind eng miteinander verflochten.

Manchmal funktionieren diese beiden Dinge gut zusammen.

Die meisten Menschen hingegen bewältigen ihre Ängste durch positives Selbstgespräch, gute Kommunikationsmethoden und die Suche nach professioneller Hilfe, wenn sie dies für notwendig halten.

Manche von uns hingegen leiden unter starker Angst im privaten und beruflichen Umgang.

Warum bekommen manche Menschen ihre Paranoia und Angst in den Griff, während andere in einem Teufelskreis gefangen bleiben?

Ursachen für Beziehungsparanoia

Was ist die Ursache Ihrer Beziehungsparanoia? Wenn Sie die Ursachen und Auswirkungen der Beziehungsparanoia identifiziert haben, wird es einfacher sein zu verstehen, wie Sie Ihr Misstrauen in einer Beziehung aufgeben können. Um mehr über die Ursachen, Symptome, Anzeichen und Behandlungen von Paranoia zu erfahren, klicken Sie hier, um einen umfassenden Leitfaden zu erhalten.

1. Ihre bisherigen Erfahrungen können Ihre zukünftigen Entscheidungen beeinflussen.

Vieles in Ihrem Hintergrund wird Ihr zukünftiges Verhalten beeinflussen.

Angenommen, Sie haben in einer früheren Beziehung oder als Kind ein Trauma erlitten und müssen die mühsame, aber notwendige psychologische Arbeit zur Selbstheilung noch abschließen. In diesem Fall würden Sie dieses Trauma sehr wahrscheinlich in zukünftige Beziehungen mitnehmen.

Wenn Vertrauensprobleme nicht ehrlich angesprochen werden, sind sie sehr schwer zu lösen.

Nehmen Sie an, Ihr früherer Liebhaber war Ihnen untreu. Nehmen Sie an, er hat seine außerehelichen

Affären mehrere Jahre lang geheim gehalten, bis sie aufgedeckt wurden.

Da Sie jahrelang mit jemandem zusammen waren, von dem Sie dachten, er sei vertrauenswürdig, sich aber als jemand herausstellte, der ein Doppelleben führte, ist es normal, dass es in späteren Beziehungen zu Vertrauensproblemen kommt.

2. Probleme mit dem Selbstwertgefühl

Wenn Sie ein geringes Selbstwertgefühl haben, neigen Sie eher dazu, in Ihrer Beziehung paranoid zu sein. Sie haben vielleicht das Gefühl, dass Ihr Partner zu gut für Sie ist oder dass er immer eine bessere Übereinstimmung finden kann. In einem solchen Szenario wären Sie ständig besorgt, dass er Sie verlassen könnte.

3. Bindungsmode

Menschen entwickeln aufgrund ihrer prägenden Erfahrungen unterschiedliche Bindungsstile. Manche Menschen haben einen ängstlichen Bindungsstil, der selbst in reifen Liebesbeziehungen zu Misstrauen und Besorgnis führt.

Wie gehen wir weiter vor?

Auswirkungen von Beziehungsparanoia

Beziehungsparanoia kann Ihre Gesundheit, Ihren Partner und Ihre Beziehungen gefährden. Wenn Sie die Auswirkungen von Beziehungsparanoia verstehen, können Sie möglicherweise entscheiden, wie Sie in Ihrer Beziehung nicht mehr misstrauisch sein können.

1. Die eigene Gesundheit bewahren

Paranoia führt dazu, dass Ihr Gehirn übermäßig wachsam wird. Die Folge können vermehrter Stress, Schlafmangel, verminderter Appetit, Sorgen und Müdigkeit sein.

2. Ihr Partner hat Probleme, damit umzugehen.

Auch wenn Ihr Partner Ihren Standpunkt vielleicht versteht, kann es für ihn schädlich sein, wenn Sie sich ständig Sorgen um ihn oder Ihre Beziehung machen. Er fühlt sich möglicherweise gezwungen, sich ständig zu verteidigen, was für ihn sowohl schädlich als auch schwierig ist.

3. Der Verbindung fehlt es an Vertrauen.

Beziehungsparanoia wird als mangelndes Vertrauen in einer Beziehung definiert. Vertrauen ist einer der

Bausteine einer erfolgreichen Beziehung und sein Mangel kann Ihrer Verbindung schaden.

10 Vorschläge zum Umgang mit Paranoia in einer Beziehung .

In diesem Artikel erfahren Sie, wie Sie mit der Paranoia in Ihrer Beziehung umgehen können. Wenn Sie sich schon einmal gefragt haben: „Wie kann ich mit der Paranoia in meiner Beziehung umgehen?", ist dieser Leitfaden genau das Richtige für Sie.

1. Führen Sie eine freie und offene Debatte.

Wie geht man mit Paranoia in einer Beziehung um?

Wenn Sie sich Sorgen um das Vertrauen in Ihrer aktuellen Beziehung machen, sollten Sie zunächst mit Ihrem Partner sprechen.

Sie müssen feststellen, ob Ihre Paranoia auf eine frühere Beziehungserfahrung zurückzuführen ist oder ob etwas nicht stimmt.

Setzen Sie sich also mit Ihrem Mann zusammen und führen Sie ein offenes Gespräch.

Sagen Sie ihm, wie Sie sich fühlen: dass Sie unter Paranoia leiden und wissen möchten, ob es wirklich so ist.

2. Alte Probleme lösen

Im Idealfall zeigt Ihnen Ihr offenes Gespräch mit Ihrem Partner, dass kein Grund besteht, misstrauisch zu sein. Dies ist die Grundlage für die Antwort auf die Frage „Wie kann man in einer Beziehung aufhören, paranoid zu sein?"

Dies reicht jedoch möglicherweise nicht aus, um Ihre Ängste zu lindern. Denken Sie daran, dass Vertrauensprobleme, Paranoia und Unbehagen in einer Beziehung allesamt Anzeichen für eine langfristige emotionale Belastung sind.

Wenn Sie gesunde, glückliche Beziehungen haben möchten, müssen Sie sich darauf konzentrieren, diese Reaktion zu ändern.

3. Erkennen Sie Ihre Gefühle.

Machen Sie sich bewusst, dass Unsicherheit eines Ihrer Grundgefühle ist, und zwar eher mit Ihnen selbst als mit der Verbindung.

Das Erkennen dieses Bestandteils Ihrer Persönlichkeit ist der erste Schritt zur Überwindung von Vertrauensproblemen und Paranoia.

Dieses Bewusstsein ermöglicht es Ihnen, negative Gefühle zu erkennen, die eher von innen als von woanders herrühren.

4. Suchen Sie professionelle Hilfe.

Ausgebildete Therapeuten können Ihnen dabei helfen, die zugrunde liegenden Gründe für dieses Verhalten zu ermitteln und Vertrauensprobleme in einer Beziehung wiederherzustellen.

Die Zusammenarbeit mit einem Psychologen in einer sicheren und vertrauensvollen Atmosphäre kann Ihnen dabei helfen, diese beziehungsschädigenden Tendenzen zu überwinden.

Sie könnten lernen, Ihre Paranoia, Unsicherheit und Ihren Vertrauensmangel durch positivere und liebevollere Ideen zu ersetzen, die Sie wiederholen können, bis Sie sich wohler fühlen und in der Lage sind, die negativen Gefühle loszulassen.

5. Achten Sie auf die Gegenwart.

Wenn Sie lernen möchten, in einer Beziehung nicht mehr misstrauisch zu sein, konzentrieren Sie sich auf den gegenwärtigen Moment und vermeiden Sie es, zurückzublicken.

Es ist möglich, unser Gehirn so umzuschulen, dass wir uns beim Aufkommen eines negativen Gedankens für eine kurze Zeit unserer Gefühle bewusst werden, bevor wir lernen, ihn loszulassen.

Um mit Beziehungsunsicherheit umzugehen, vermeiden Sie die Erinnerung an frühere, schreckliche Beziehungen, die nichts mit Ihrer aktuellen Lebenssituation zu tun haben.

Jede neue und faszinierende Verbindung in Ihrem Leben ist eine einzigartige Sache.

6. Achten Sie auf sich selbst, um nicht mehr paranoid zu sein.

Um Ihre Paranoia zu überwinden, achten Sie auf sich selbst.

Die Antwort auf die Frage „Wie Sie in einer Beziehung nicht paranoid werden" liegt darin, Ihr Selbstwertgefühl zu steigern, da ein geringes Selbstwertgefühl zu Paranoia, Unsicherheit und Vertrauensproblemen führt.

Wenn wir ein geringes Selbstwertgefühl haben, glauben wir möglicherweise, dass wir die wunderbaren Dinge im Leben oder eine Beziehung mit unserem Partner nicht wert sind.

Unsere Vertrauensprobleme beginnen, sich auf unsere Beziehungen auszuwirken, und genau das, was wir befürchtet haben – das Verlassenwerden – tritt als Folge unserer Handlungen ein.

Sie können Misstrauen und Unbehagen in Ihrer Beziehung vorbeugen, indem Sie sich die Mühe machen, Ihr Selbstwertgefühl und Ihre Wertschätzung zu entwickeln.

In einer Beziehung zu sein, in der Sie Ihren Wert kennen, ist befreiend!

7. Bestimmen Sie Ihre Auslöser.

Um Ihre Beziehungsparanoia zu überwinden, müssen Sie die Ursache dafür verstehen. Liegt es daran, dass Sie keine Ahnung haben, was Ihr Partner tut, oder dass er sein Telefon vor Ihnen versteckt? Wenn Sie Ihre Auslöser erkennen und vermeiden, können Sie vermeiden, in Ihren Beziehungen paranoid zu werden.

8. Atmen Sie tief durch, bevor Sie antworten.

Ihre ersten Reaktionen auf alles, was Ihre Paranoia auslöst, können Angst und Verwirrung sein. Nehmen Sie sich jedoch die Zeit, herauszufinden, was diese Empfindung verursacht. Ist dies der Fall oder leiden Sie unter allgemeiner Beziehungsparanoia?

Dies kann Ihnen wirklich dabei helfen, Ihre Paranoia zu reduzieren.

9. Werden Sie nicht paranoid.

Widerstehen Sie dem Impuls, paranoid zu werden, wenn Sie diese Gedanken haben. Verstehen und kontrollieren Sie Ihre Emotionen, aber lassen Sie nicht zu, dass sie Ihr Handeln bestimmen.

10. Konzentrieren Sie sich auf den Aufbau von Vertrauen.

Erfahren Sie, wie Sie das Vertrauen Ihres Partners gewinnen. Übungen und eine Paartherapie können Ihnen dabei helfen, dieses Vertrauen zu stärken.

Vertrauen ist entscheidend.

Wie kann ich meine Paranoia und meinen Mangel an Glauben überwinden?

Vertrauen ist zweifellos einer der wichtigsten Aspekte einer Beziehung. Paranoia in einer Beziehung deutet auf einen Mangel an Vertrauen hin, den Sie und Ihr Partner ansprechen und daran arbeiten müssen.

Wenn Sie glauben, dass Sie professionelle Hilfe benötigen, wenden Sie sich an einen Berater.

9 Beziehungsbewältigungsstrategien bei paranoider Schizophrenie.

Paranoide Schizophrenie ist eine Form der Schizophrenie, die die Gedanken, Gefühle und das Verhalten einer Person beeinflusst. Menschen mit paranoider Schizophrenie können oft nicht zwischen dem unterscheiden, was wahr ist und was nicht, was zu falschen Überzeugungen oder Wahnvorstellungen führt.

Es ist wichtig zu verstehen, was paranoide Schizophrenie ist und wie man in Beziehungen damit umgeht, da die Betroffenen möglicherweise unbegründete Sorgen haben oder glauben, dass andere versuchen, ihnen zu schaden. Dies kann das tägliche Leben erschweren und Probleme in Beziehungen und bei der Arbeit verursachen.

Bedeutung von paranoider Schizophrenie:

Ein paranoider Schizophrener ist eine Person, die an einem Subtyp der Schizophrenie leidet, einer chronischen Geisteskrankheit, die durch Halluzinationen und Wahnvorstellungen gekennzeichnet ist, die oft ein anhaltendes Gefühl der Verfolgung oder Größenwahn beinhalten.

Diese Patienten hören möglicherweise Stimmen oder glauben, dass andere gegen sie intrigieren, was ihnen große Qualen bereitet und ihre Alltagsfunktionen beeinträchtigt. Die genaue Ätiologie ist unbekannt, es handelt sich jedoch wahrscheinlich um eine Mischung aus genetischen, neurologischen und Umweltfaktoren.

Worin unterscheiden sich paranoide Schizophrenie und Schizophrenie?

Die wichtigsten Unterschiede zwischen paranoider Schizophrenie und Schizophrenie im Allgemeinen sind folgende:

Fokus

Schizophrenie ist ein weit gefasster Begriff mit zahlreichen Unterkategorien, darunter paranoid, desorganisiert, katatonisch, undifferenziert und residual.

Problembeschreibung

Bei Schizophrenie hingegen kann es zu einer größeren Bandbreite an Symptomen kommen, wie z. B. undeutliche Aussprache, Katatonie, Gefühlsflaute und Negativsymptome (wie eingeschränkte Gefühlsausdrucksfähigkeit), während sich bei paranoider

Schizophrenie Wahnvorstellungen (meist Verfolgungs- oder Größenwahnvorstellungen) und akustische Halluzinationen zeigen.

Es kommt zu Wahnvorstellungen und Halluzinationen.

Charakteristisch für die paranoide Schizophrenie sind stärkere und häufigere Wahnvorstellungen und Halluzinationen, während andere Symptome wie Desorganisation oder emotionale Unempfindlichkeit deutlicher ausgeprägt sein können.

Funktionale Grenzen.

Personen mit paranoider Schizophrenie verfügen möglicherweise über bessere kognitive Fähigkeiten und Fertigkeiten im Alltag als Personen mit anderen Schizophrenietypen. Bei anderen Schizophrenietypen kommt es jedoch häufig zu schwerwiegenderen Anomalien der kognitiven Prozesse, der emotionalen Reaktionsfähigkeit und der Alltagsfunktionen.

Welche Faktoren spielen bei paranoider Schizophrenie eine Rolle?

Die junge Frau bittet um Vergebung.

Paranoide Schizophrenie, eine komplizierte psychische Erkrankung, wird durch eine Reihe von Umständen verursacht, darunter:

Eine Familiengeschichte mit Schizophrenie lässt auf eine genetische Komponente schließen.

Ungleichgewichte von Neurotransmittern wie Dopamin sowie anatomische und funktionelle Anomalien im Gehirn.

Möglich sind Komplikationen während der Schwangerschaft oder Geburt, pränatale Mangelernährung sowie der Kontakt mit Giften oder Viren.

Stressige Lebensereignisse, Traumata und soziale Isolation können Symptome auslösen oder verschlimmern.

Substanzmissbrauch, insbesondere in der Jugend, erhöht das Risiko, an der Krankheit zu erkranken.

Es gibt elf Anzeichen einer paranoiden Schizophrenie.

Paranoide Schizophrenie ist eine komplexe psychische Störung, die durch eine Vielzahl von Symptomen gekennzeichnet ist, die das Leben einer Person erheblich beeinflussen können. Das Verständnis dieser Warnzeichen ist für eine frühzeitige Erkennung und Behandlung von entscheidender Bedeutung. Hier sind einige der häufigsten Symptome paranoider Schizophrenie.

1. Wahnvorstellungen.

Wahnvorstellungen sind häufige Symptome paranoider Schizophrenie, einer Erkrankung, bei der die Betroffenen starke Überzeugungen haben, die nicht durch die Realität gestützt werden. Zu diesen Überzeugungen gehören oft das Gefühl, verfolgt oder ausgebeutet zu werden, sowie die Vorstellung, über außergewöhnliche Fähigkeiten oder einen außergewöhnlichen Ruf zu verfügen. Trotz eindeutiger Beweise für das Gegenteil bleiben diese Illusionen bestehen.

2. Halluzinationen

Halluzinationen, insbesondere akustische Halluzinationen, kommen bei paranoider Schizophrenie häufig vor. Betroffene hören möglicherweise Stimmen, die gar nicht da sind und die verstörend oder fordernd sein können. Diese Stimmen kommentieren möglicherweise das Verhalten der Person, kritisieren sie oder sagen ihr, was sie tun soll.

3. Das ist ungeordnetes Denken.

Ein signifikantes Symptom ist desorganisiertes Denken, das es schwierig macht, Ideen rational zu ordnen. Dies kann zu einer schwer verständlichen Rede führen, in der der Sprecher von einem Thema zum nächsten springt, ohne logische Verbindungen herzustellen.

4. Emotionaler Rückzug.

Personen mit paranoider Schizophrenie entwickeln häufig eine emotionale Distanz zu anderen. Dies kann auf die durch ihre Wahnvorstellungen hervorgerufene Panik zurückzuführen sein oder eine direkte Folge der Störung sein, wie etwa Schwierigkeiten beim Ausdrücken von Emotionen.

5. Unsicherheit und Feindseligkeit

Freunde oder Familienmitglieder fälschlich der Illoyalität oder Gewalt zu beschuldigen, kann Beziehungen schädigen, und Verfolgungswahn geht oft mit zunehmendem Misstrauen und Feindseligkeit einher.

6. Angst und Unruhe.

Angst und Unruhe sind häufige Symptome. Die Betroffenen können aufgrund der anhaltenden Furcht und des Misstrauens, die durch Wahnvorstellungen und Halluzinationen verursacht werden, eine verstärkte Angst und Ruhelosigkeit verspüren.

7. Mangelnde Einsicht

Viele Menschen mit paranoider Schizophrenie sind sich möglicherweise nicht bewusst, dass ihre Wahnvorstellungen oder Halluzinationen Symptome einer Geisteskrankheit sind, was die Behandlung erschwert.

8. Kognitive Probleme.

Kognitive Beeinträchtigungen wie Konzentrationsschwierigkeiten, Gedächtnisstörungen und Entscheidungsschwierigkeiten werden häufig mit den paranoiden Ursprüngen der Schizophrenie in Verbindung gebracht. Diese Probleme können sich auf das alltägliche Funktionieren sowie die Fähigkeit, eine Karriere oder Beziehungen aufrechtzuerhalten, auswirken.

9. Soziale Isolation.

Angst, Misstrauen sowie Schwierigkeiten beim Reden und beim Aufbau von Kontakten mit anderen Menschen tragen zu einer allgemeinen sozialen Distanzierung bei, die wiederum zur Isolation führen und andere Symptome verschlimmern kann.

10. Funktionsprobleme

Die Kombination dieser Symptome führt häufig zu Schwierigkeiten im Alltag, beispielsweise bei der Pflege persönlicher Kontakte, der Arbeitssuche und der Bewältigung der eigenen Pflege.

11. Es ist unorganisiertes Verhalten zu beobachten.

Desorganisiertes Verhalten kann sich auf verschiedene Weise äußern und reicht von mangelhafter Körperhygiene bis hin zu unberechenbarem und unvorhersehbarem Verhalten, das durch kognitive Probleme oder die Krankheit selbst verursacht werden kann.

Wie kann man mit paranoider Schizophrenie in einer Beziehung umgehen? Neun Ansätze.

Ein verzweifeltes Paar auf der Suche nach Hilfe.

Der Umgang mit paranoider Schizophrenie in einer Beziehung kann schwierig sein, aber mit der richtigen Einstellung und dem richtigen Wissen können Sie eine gesunde und unterstützende Verbindung aufbauen. Hier sind neun Techniken für den Umgang mit jemandem, der an paranoider Schizophrenie leidet.

1. Erfahren Sie so viel wie möglich über die Krankheit.

Es ist wichtig, die Symptome paranoider Schizophrenie sowie die Realitäten des Lebens mit dieser Krankheit zu verstehen. Das National Institute of Mental Health (NIMH) bietet eine Fülle von Ressourcen, die hilfreich sein können.

2. Zeigen Sie Geduld und Verständnis.

Menschen, die an paranoider Schizophrenie leiden, können enorme Angst und Orientierungslosigkeit verspüren. Daher kann es hilfreich sein, während der Symptome Geduld und Einfühlungsvermögen aufzubringen, um eine unterstützende Atmosphäre zu schaffen.

3. Fördern Sie die Nutzung von Expertendiensten.

Es ist wichtig, Ihren Partner zu drängen, professionelle Hilfe zu suchen und beizubehalten. Medikamente und Therapie können häufig bei der Diagnose einer paranoiden Schizophrenie helfen. Fordern Sie Ihren Partner auf, sich an seinen Behandlungsplan zu halten und Termine wahrzunehmen.

4. Kommunizieren Sie frei und ehrlich.

Eine offene und ehrliche Kommunikation ist unerlässlich. Sprechen Sie über Ihre Sorgen und fordern Sie Ihren Partner auf, dasselbe zu tun, um ein besseres Verständnis zu entwickeln und mitzuarbeiten.

5. Setzen Sie sich sinnvolle Ziele.

Es ist wichtig, sich daran zu erinnern, dass die Behandlung paranoider Schizophrenie ein fortlaufender Prozess ist. Das Setzen angemessener Erwartungen hinsichtlich der Beziehung und Behandlung paranoider Schizophrenie wird dazu beitragen, Enttäuschungen und Frustrationen zu minimieren.

6. Legen Sie die Grundregeln fest.

Um eine gute Beziehung und ein persönliches Wohlbefinden aufrechtzuerhalten, ist es wichtig, zu besprechen und zu vereinbaren, welches Verhalten angemessen ist und welches nicht. Stellen Sie dann sicher, dass diese Grenzen respektiert werden.

7. Achten Sie unbedingt auf sich selbst.

Es ist auch wichtig, auf Ihr eigenes geistiges und emotionales Wohlbefinden zu achten. Nehmen Sie an Aktivitäten teil, die Ihnen Spaß machen, und suchen Sie sich bei Bedarf Unterstützung. Denken Sie daran, dass Sie anderen nicht vollständig helfen können, wenn es Ihnen nicht gut geht.

8. Nutzen Sie ein Unterstützungsnetzwerk.

Beide Ehepartner können von einem Unterstützungsnetzwerk profitieren. Freunde, Familie und Selbsthilfegruppen können zusätzliche Hilfe und Verständnis bieten. Dieses Netzwerk kann Ihnen auch eine Pause verschaffen und verhindern, dass Sie überfordert werden.

Dr. Benzio , ein staatlich anerkannter Psychiater, erteilt Ratschläge zur Pflege und zum Trost eines psychisch kranken Ehepartners und weist ihn auch darauf hin, was zu vermeiden ist.

9. Seien Sie auf Probleme vorbereitet.

Seien Sie sich bewusst, dass es Hindernisse geben kann. Die Symptome einer paranoiden Schizophrenie können Sie überraschen. Bereiten Sie sich also auf schwierige Umstände vor und entwickeln Sie eine Strategie, um mit ihnen umzugehen. Dazu kann es gehören, dass Sie Notfallkontaktinformationen haben oder wissen, wann Sie weitere Hilfe suchen müssen.

FAQs

Menschen, die einen geliebten Menschen mit paranoider Schizophrenie haben, haben oft viele Fragen. Hier sind einige der am häufigsten gestellten Fragen zu paranoider Schizophrenie sowie kurze und prägnante Lösungen.

Wird paranoide Schizophrenie in der Familie vererbt?

Obwohl das Risiko steigt, wenn ein Familienmitglied an Schizophrenie leidet, ist die Krankheit nicht zwangsläufig vererbt.

Auch individuelle Erfahrungen und Umweltbedingungen spielen eine Rolle; eine genetische Veranlagung erhöht zwar das Potenzial, nicht aber die Wahrscheinlichkeit, an der Krankheit zu erkranken.

Ist es für jemanden mit paranoider Schizophrenie möglich, ein normales Leben zu führen?

Ja, Menschen mit paranoider Schizophrenie können ein normales Leben führen, insbesondere mit der richtigen Medizin und Pflege. Übliche Behandlungen umfassen Medikamente, Therapie und soziale Unterstützung. Die Bedeutung einer frühen Diagnose und der Einhaltung der Behandlung kann nicht genug betont werden.

Viele Menschen mit paranoider Schizophrenie arbeiten, haben Beziehungen und engagieren sich in ihren Gemeinschaften. Der Begriff „normal" kann jedoch für verschiedene Menschen verschiedene Bedeutungen haben und die Krankheit kann häufige Anpassungen und Bewältigungsstrategien erfordern.

Ist eine vollständige Heilung der paranoiden Schizophrenie möglich?

Zurzeit gibt es keine Heilung für paranoide Schizophrenie, aber eine Behandlung kann helfen, die Symptome zu kontrollieren, Rückfälle zu verhindern und die Lebensqualität zu verbessern. Die Grundlagen der Behandlung sind Medikamente, insbesondere Antipsychotika, und Psychotherapie.

Bei kompetenter Betreuung können die Betroffenen ein erfülltes Leben führen, auch wenn sie möglicherweise weiterhin bestimmte Symptome verspüren oder eine fortlaufende Therapie benötigen.

Wann manifestiert sich paranoide Schizophrenie?

Paranoide Schizophrenie tritt häufig in der späten Adoleszenz oder im frühen Erwachsenenalter zwischen 18 und 30 Jahren auf, ist jedoch bei jungen Menschen und über 45 Jahren selten.

Eine frühzeitige Diagnose und Behandlung kann zu einer besseren Langzeitprognose führen, auch wenn Veränderungen in Wahrnehmung, Gefühlen und Verhalten nur leichte Warnsignale darstellen.

Was genau verursacht paranoide Schizophrenie?

Belastende Lebensereignisse, Drogenmissbrauch und traumatische Erlebnisse können Auslöser einer paranoiden Schizophrenie sein. Diese kann durch eine Kombination genetischer, neurologischer und umweltbedingter Faktoren hervorgerufen werden, insbesondere bei genetisch veranlagten Personen.

Auch neurobiologische Faktoren, etwa chemische Ungleichgewichte im Gehirn, spielen eine Rolle. Dabei muss jedoch beachtet werden, dass die spezifischen Auslöser von Person zu Person sehr unterschiedlich sein können.

Abschließend.

Obwohl es schwierig sein kann, eine Beziehung zu jemandem aufrechtzuerhalten, der an paranoider Schizophrenie leidet, können die folgenden Methoden helfen, eine unterstützende und liebevolle Umgebung zu schaffen. Bedenken Sie die Frage: „Verschwindet Schizophrenie?" Der Umgang mit Schizophrenie ist aufgrund ihrer lebenslangen Natur schwierig; aber mit angemessener Pflege und Unterstützung können die Betroffenen ein produktives Leben führen.

Besuchen Sie seriöse Websites wie die Schizophrenia & Psychosis Action Alliance (S&PAA), um weitere Informationen und Ratschläge zur Hilfe für einen paranoiden Schizophrenen zu erhalten.

Kapitel 8

Die Auswirkungen von PPD auf die Ehe: Bewältigungsstrategien für das Leben mit einem paranoiden Ehepartner.

Das Zusammenleben mit einem paranoiden Menschen erfordert Geduld, Mitgefühl und strikte persönliche Grenzen. Die folgenden Tipps können Ihnen dabei helfen, ihm die notwendige Unterstützung und Hilfe zu geben, damit er seine Paranoia überwinden kann.

Ermutigen Sie ihn, die Behandlung einzuhalten – Aufgrund seines misstrauischen Temperaments fällt es ihm möglicherweise schwer, empfohlene Medikamente einzunehmen oder an Therapiesitzungen teilzunehmen. Dies ist typisch für Menschen, die wegen Paranoia behandelt werden, und behindert ihre Genesung erheblich. Ermutigen Sie ihn, seinen Behandlungsplan einzuhalten.

Kürzere Sätze und eine klarere Sprache verringern die Möglichkeit von Fehlinterpretationen.

Akzeptanz und gleichzeitige Stärke sind entscheidend, da Wahnvorstellungen für die Person, die sie erlebt, äußerst real sind. Stellen Sie die Ansichten der Person nicht in Frage und versuchen Sie nicht, ihr bei der Realitätsprüfung zu helfen. Zeigen Sie Respekt für ihre Meinung, ohne den Anschein zu erwecken, sie zu teilen. Sagen Sie offen Ihre persönliche Meinung.

Bieten Sie eine Erklärung an – Sie können ihm helfen, seinen Verdacht und sein Misstrauen zu überwinden, indem Sie ihn bitten, seine Ideen zu äußern und dann Ihr Vorgehen auf eine nicht-defensive und objektive Weise zu erklären.

Auslöser vorhersehen: In ungewohnten oder belastenden Situationen können sich die Symptome verstärken. Informieren Sie die Betroffenen rechtzeitig, damit sie auf Veränderungen und eine mögliche Zunahme der Symptome besser vorbereitet sind.

Heben Sie seine Stärken hervor: Abgesehen von zwischenmenschlichen Interaktionen sind Menschen mit Paranoia oft brillant und hochfunktional. Achten Sie auf ihn als Person, nicht nur auf seine Symptome. Achten Sie auf seine positiven Eigenschaften und Handlungen.

Pass auf dich auf.

Die Pflege eines übermäßig besorgten Ehepartners kann schwierig sein. Um seine Erwartungen zu erfüllen, müssen Sie sich zuerst um Ihre eigenen kümmern. Um nicht überfordert zu werden, befolgen Sie die folgenden Richtlinien.

Streben Sie nach Ausgewogenheit, indem Sie den anderen Aspekten des Lebens die gleiche Aufmerksamkeit schenken. Führen Sie mit ihm Gespräche, die nichts mit seiner Krankheit zu tun haben. Beschäftigen Sie sich mit Aktivitäten, die nichts mit seiner Krankheit zu tun haben. Denken Sie daran, dass seine Paranoia nur eines Ihrer Probleme ist, nicht das Hauptproblem.

Achten Sie auf Ihre Gesundheit: Wenn Sie krank sind, fällt es Ihnen schwerer, sich um ihn zu kümmern und mit ihm zu interagieren. Essen Sie richtig, treiben Sie viel Sport und ruhen Sie sich ausreichend aus. Das gibt Ihnen mehr Energie, verbessert Ihre Stimmung und hilft Ihnen, mit dem zusätzlichen Stress umzugehen.

Informieren Sie sich: Erfahren Sie alles über diese Art von Paranoia. Versuchen Sie, sowohl die Symptome, die Sie sehen, als auch die Behandlung, die er erhält, zu verstehen.

Wenden Sie sich zur Klärung und für weitere Informationen an Ihren Arzt.

Erwägen Sie eine Therapie, die Ihnen hilft, die Diagnose zu akzeptieren und Bewältigungsstrategien zu entwickeln. Suchen Sie Ermutigung und Unterstützung bei Familie und Freunden. Suchen Sie eine Selbsthilfegruppe für die Familie einer paranoiden Person.

Ziehen Sie diese Ressourcen in Betracht.

Ein guter Ausgangspunkt ist „Paranoia verstehen: Ein Leitfaden für Fachleute, Familien und Betroffene" von Martin Kantor.

Es ist schwierig, mit der Paranoia eines geliebten Menschen umzugehen, und die Rehabilitation erfordert qualifizierte Hilfe. Suchen Sie Unterstützung für ihn und sich selbst. Lernen Sie alles, was Sie können, um sich besser auf die nächsten Herausforderungen vorzubereiten. Machen Sie sich vor allem klar, dass Sie nicht allein sind und dass eine bessere Zukunft möglich ist.

Konsultieren Sie immer zuerst Ihren Arzt.

Obwohl das Lesen und Sprechen mit Freunden nützliche Gesundheitsinformationen liefern kann, sollten Sie immer Ihren Arzt aufsuchen, bevor Sie eine neue Behandlung beginnen oder Ihre Ernährung umstellen. Bedenken Sie, dass die US-amerikanische Food and Drug Administration die Stärke, Reinheit oder Sicherheit von Kräutern und Nahrungsergänzungsmitteln nicht streng reguliert. Lesen Sie immer die Produktkennzeichnung. Wenn Sie ein medizinisches Problem haben oder andere Medikamente, Kräuter oder Nahrungsergänzungsmittel einnehmen, konsultieren Sie Ihren Arzt, bevor Sie Ihre Gesundheitsroutine ändern oder medizinische Maßnahmen ergreifen. Dieser Inhalt ist nicht als Ersatz für medizinischen Rat gedacht. LifeScript übernimmt keine

Verantwortung für Handlungen von Lesern, die auf der Grundlage der bereitgestellten Informationen erfolgen.

So gehen Sie mit einer Beziehung mit paranoider Persönlichkeitsstörung um.

Sie haben einen liebenswerten, fürsorglichen und klugen Begleiter, der Ihre Motive und Ihr Engagement oft in Frage stellt. Sie fragen sich, ob er Ihnen jemals glauben wird. Zu verstehen, ob Ihre Probleme durch eine paranoide Persönlichkeitsstörung verursacht werden, ist ein entscheidender Schritt zur Heilung.

Vertrauen ist ein Schlüsselelement erfolgreicher Partnerschaften, da es das gemeinsame Engagement und die Kameradschaft der Partner stärkt. Wenn Vertrauen fehlt, können die Auswirkungen auf eine langfristige Beziehung erheblich, ja sogar katastrophal sein.

Menschen mit paranoider Persönlichkeitsstörung fällt es schwer, anderen zu vertrauen, selbst denen, die sie lieben und denen sie vertrauen sollten, da sie eine erhöhte Angst vor Verrat haben. Sie könnten geliebte Menschen beschuldigen, zu lügen, eine Affäre zu haben, Gerüchte über sie zu verbreiten oder Geld zu stehlen. Dieses Verhalten kann für die Menschen, die fälschlich beschuldigt wurden, schmerzhaft und ärgerlich sein und für andere, die es sehen, verstörend und entfremdend wirken.

Das Erkennen der Symptome einer paranoiden Persönlichkeitsstörung und das Erlernen von Möglichkeiten zum Umgang damit sowie von Behandlungsmöglichkeiten kann zur Verbesserung einer ansonsten angespannten Beziehung beitragen.

Welchen Einfluss hat die paranoide Persönlichkeitsstörung auf Beziehungen?

PPD kann schwerwiegende Auswirkungen auf eine Beziehung haben und möglicherweise zu deren Ende führen, da es sich dabei vor allem um Vertrauensprobleme handelt und Vertrauen ein notwendiger Bestandteil jeder guten Beziehung ist. Dies wird noch dadurch verschärft, dass die große Mehrheit der PPD-Patienten nicht über ihre Diagnose informiert ist und nicht erkennen kann, wie ihr Standpunkt schädlich sein könnte.

Im Folgenden sind die häufigsten PPD-bezogenen Sorgen aufgeführt, die sich negativ auf eine Beziehung auswirken:

Pessimismus: Menschen mit PPD sehen das Schlechteste in anderen. Es ist nicht so, dass sie das Gute nicht sehen können; sie glauben nur, dass immer das Risiko besteht, dass etwas schief geht. Dies kann dazu führen, dass ein Partner das Gefühl hat, dass er, egal was er tut, nie in der Lage sein wird, eine vertrauensvolle oder loyale Beziehung aufzubauen.

Misstrauen – Weil die Angst vor Verrat Vertrauen verhindert, werden selbst die unschuldigsten Aktivitäten getrübt. Partner, die das Gefühl haben, ihr Lebensgefährte verheimlicht etwas, haben möglicherweise Schwierigkeiten, alltägliche Vorkommnisse wie einen verpassten Anruf von der falschen Nummer oder eine Planänderung aufgrund von Verkehr zu erklären.

Sturheit – Während jemand mit PPD manchmal zugibt, dass er in einer bestimmten Situation falsch lag, neigt er eher dazu, seine Ansichten oder Überzeugungen über andere nicht aufzugeben, selbst wenn Beweise das Gegenteil belegen, was zu ungelösten Konfrontationen oder Meinungsverschiedenheiten führt. Dies kann zu lang gehegten Grollgefühlen und Auseinandersetzungen mit einst engen Freunden führen.

Kontrollierendes Verhalten – Eine Person, die an PPD leidet, versucht möglicherweise, mit ihrer Angst umzugehen, indem sie andere um sich herum beobachtet. Dies kann bedeuten, dass sie mehrere Telefonanrufe tätigt, um den Aufenthaltsort ihres Partners zu überprüfen, ihn auf Ausflügen oder Partys begleitet und oft nach Bestätigung sucht.

Kritik – Da Menschen mit PPD nicht in der Lage sind, Fehler in ihren eigenen Ansichten zu erkennen, geben sie oft anderen die Schuld für Fehler oder Fehler. Wenn sie beleidigt werden, können sie vorschnell oder wütend werden. Dies ist besonders schlimm, wenn die andere Seite nichts falsch gemacht hat.

Wenn solche Schwierigkeiten in einer Beziehung anhalten, können sich beide Seiten gestresst, deprimiert und besorgt fühlen. Wenn ein Ehepartner aufgrund paranoider Vorstellungen Menschen meidet und versucht, das Umfeld des Paares noch stärker zu kontrollieren, kann dies zu Entfremdung führen. In dieser Situation ist es wichtig, professionelle Hilfe in Anspruch zu nehmen, um Vertrauen aufzubauen, die Kommunikation zu verbessern und eine gesunde Beziehung aufzubauen.

Umgang mit der paranoiden Persönlichkeitsstörung.

Wenn die paranoide Persönlichkeitsstörung nicht behandelt wird, kann sie unnötige Verletzungen oder sogar den Verlust ansonsten guter und wertvoller Beziehungen verursachen. Wenn man lernt, mit der paranoiden Persönlichkeitsstörung umzugehen, kann dies die langfristigen Ergebnisse einer Beziehung sowie das allgemeine Glück beider Partner verbessern.

Wenn Sie in einer Beziehung mit jemandem sind, bei dem Sie das Gefühl haben, dass er an PPD leidet, können Sie einige Dinge tun, um die Auswirkungen zu lindern.

Setzen Sie klare Grenzen — Zwar ist es wichtig, in Ihrer Beziehung Unterstützung und Einfühlungsvermögen zu zeigen, doch Sie sollten auch klare Grenzen setzen, um sich selbst und Ihre Bedürfnisse zu schützen. Außerdem sollten Sie begrenzen, wie weit Sie auf die Reaktion oder Anschuldigung eines Partners reagieren.

Streiten oder engagieren Sie sich nicht — Da Menschen mit PPD normalerweise hartnäckig auf ihren situativen

Urteilen beharren, werden sie ihre Ansichten nicht ändern, wenn sie streiten oder sogar versuchen, sie zu trösten. Wenn Sie sich in die Gefühle der Person hineinversetzen, während Sie den Fakten zustimmen oder widersprechen, kann dies helfen, die Person zu unterstützen und gleichzeitig Ansichten zu vermeiden, die eher auf Angst als auf Realität basieren.

Pflegen Sie Ihre sozialen Netzwerke – Menschen mit PPD können sich einsam fühlen, insbesondere wenn ihre Anschuldigungen und Verdächtigungen gegenüber anderen noch mehr Menschen vertreiben oder sie daran hindern, mit vielen Freunden, Familienmitgliedern und Kollegen in Kontakt zu treten. Die Aufrechterhaltung unterstützender Beziehungen zu anderen ist wichtig, um den Teufelskreis der Isolation zu durchbrechen, der sowohl Ihre als auch die psychische Gesundheit Ihres Partners beeinträchtigen kann.

Erwägen Sie, professionelle Hilfe in Anspruch zu nehmen. Ihr Partner könnte sich zunächst gegen eine Behandlung sträuben und ihn zu einer Therapie zu zwingen, könnte seine PPD-Symptome verschlimmern. Sich selbst an einen Fachmann zu wenden, kann hingegen von Vorteil sein, da er Ihnen ein kompetentes Unterstützungssystem bietet, während Sie an Ihrer Beziehung arbeiten, und Ihnen ein Ventil für Ihre eigenen Gedanken, Sorgen oder Frustrationen bietet.

Wie man die Beziehung mit einem paranoiden Partner überlebt

Wenn Ihr Partner unter Paranoia leidet, kann diese im Laufe der Beziehung auftreten und wieder abklingen, aber sie wird in der Regel bestehen bleiben. Paranoia äußert sich normalerweise als Wunsch nach totaler Kontrolle. In Liebesbeziehungen kann das Streben nach Kontrolle viele Formen annehmen, darunter das Sammeln von Informationen, Verhöre, Durchsuchungen, Umstrukturierungen, Spionage, Überwachung, falsche Anschuldigungen, Fallenstellen und das Hacken von Telefonen und Computern anderer Personen.

Normalerweise sind alle dieser Merkmale vorhanden.

Die paranoide Person hält diese Aktivitäten möglicherweise nicht für ungewöhnlich und versucht vielleicht sogar, Sie davon zu überzeugen, dass sie in einer Beziehung normal sind. Lassen Sie sich von dieser

Denkweise nicht täuschen. Dies sind Strategien zur Angstreduzierung, die auf Kosten anderer gehen.

Niemand kann wirklich alles über eine andere Person wissen, warum sollte man das also wollen? Muss man wirklich jede Körperfunktion in der Beziehung wissen, oder dass die andere Person denkt, dass deine Mutter ein Schimpfwort ist, oder dass ein Kellner beim Mittagessen einen Teller zerstört hat? Ganz klar nicht.

Aus diesem Grund passen wir uns den individuellen Umständen an und/oder teilen diese.

Viele paranoide Menschen machen sich über Kleinigkeiten Sorgen. Denken Sie an eine mögliche Beleidigung oder Unwahrheit. Fakten sind keine Fakten, wenn sie von paranoiden Menschen ausgenutzt werden.

Paranoia hat einen erheblichen psychologischen und physischen Einfluss auf beide Partner in der Beziehung. Wenn Sie in einer paranoiden Liebesbeziehung bleiben möchten, sind hier sieben Dinge, die Sie tun können.

Der erste Schritt zur Lösung von Paranoia mit einem Ehepartner besteht darin, Ihren Wunsch nach einer gesunden Beziehung zu äußern. Eine der am wenigsten furchteinflößenden Methoden, Ihren Ehepartner mit dem Problem zu konfrontieren, besteht darin, Ihre Gedanken, die Handlungen, die die Verbindung unterbrochen haben, und Ihren Wunsch, dass die Beziehung funktioniert und gedeiht, mitzuteilen. Dies muss möglicherweise wiederholt werden: Anschuldigungen und ständige Überwachung haben zu Ihrer psychischen Verschlechterung beigetragen. Geben Sie niemals auf.

Suchen Sie professionelle Hilfe. Eine Paartherapie kann besonders hilfreich für Paare sein, die die Auswirkungen von Paranoia in ihrer Beziehung abmildern möchten. Halten Sie Ihre Behandlungsanfrage kurz und bündig. Aufgrund des hohen Maßes an Misstrauen, das mit Paranoia einhergeht, können die ersten Behandlungssitzungen schwierig sein. Die paranoide Person wird wahrscheinlich der gesamten Behandlungsstrategie misstrauisch gegenüberstehen. Es ist wichtig, sich Zeit zu nehmen, um den Therapeuten kennenzulernen und Ihren Partner in seinem eigenen Tempo sprechen zu lassen. Akzeptieren Sie weiterhin Ihre Gefühle und Reaktionen auf das paranoide Verhalten Ihres Partners und denken Sie daran, sich selbst treu zu bleiben.

Wenn Ihr Partner paranoid ist, ist seine Sichtweise verzerrt.

Sie sollten niemals die Schuld für falsche Anschuldigungen zugeben oder akzeptieren, da dies Ihre Paranoia nur noch verstärken wird. Ich habe mit einem Paar gearbeitet, bei dem der Ehemann zugab, eine andere Frau geküsst zu haben, obwohl die Frau ihn ständig und streng nach seiner Treue fragte. Er sagte, er wolle nur, dass die Fragen aufhörten, und dachte, dies sei der beste Weg, ihnen zu helfen, weiterzumachen. Leider verstärkte dies den Verdacht der Frau und sie reichte die Scheidung von ihrem treuen Ehemann ein.

Denken Sie daran, auf sich selbst aufzupassen. Yoga, Sport, Meditation, tiefes Atmen und eine ausgewogene Ernährung können Ihnen dabei helfen, emotionalen Stress abzubauen und Ihre geistige Klarheit zu verbessern.

Wenn Sie melancholisch oder ängstlich werden, benötigen Sie möglicherweise eine psychiatrische Behandlung.

Suchen Sie Hilfe bei einer vertrauenswürdigen Person, beispielsweise einem Freund, einem Familienmitglied oder einem Therapeuten. Eine Stimme ohne Vorurteile, die Ihre Gefühle anerkennt, kann beruhigend und erdend sein, während Sie an Ihrer Beziehung arbeiten. Wenn Menschen in paranoiden Beziehungen die Wahrheit über ihre

Beziehung zugeben, fühlen sie sich oft einsam und beschämt. Leider verschlimmert dies die Einsamkeit und Sorgen nur.

Erwägen Sie, eine Beziehungspause einzulegen, um Ihren Geist zu klären. Dies kann erreicht werden, indem Sie entweder ausziehen oder die Beziehung vorübergehend auf Eis legen. Dies kann für Paranoide entmutigend sein, aber es ist etwas Abstand erforderlich, um sicherzustellen, dass Ihre Gedanken fair und für beide Seiten von Vorteil sind. Es ist entscheidend, sich Zeit für sich selbst zu nehmen.

Paranoia kann sich als Depression, PTSD, Psychose, paranoide Persönlichkeitsstörung, Schizophrenie oder schizoaffektive Störung äußern. Versuchen Sie nicht, Ihren Partner selbst zu diagnostizieren. Suchen Sie Hilfe bei einem Psychologen, um seine oder ihre individuellen Probleme zu beurteilen und, was noch wichtiger ist, Ihren eigenen Seelenfrieden wiederherzustellen.

Wenn Sie sich nicht mehr wie Sie selbst fühlen, seien Sie sich bewusst, dass Sie Ihr früheres Ich wiedererlangen können. Lassen Sie sich nicht von Paranoia überrumpeln.

Teil drei

Professionelle Beratung, Vertrauensprobleme und Erfolgsgeschichten aus dem echten Leben bei der Überwindung von PPD

Dieser Abschnitt bietet wertvolle Einblicke in die Suche nach professioneller Hilfe, das Verständnis und den Umgang mit Vertrauensproblemen in Beziehungen sowie Erfahrungsberichte von Personen, die eine postpartale Depression erfolgreich überwunden haben. Durch fachkundige Ratschläge und persönliche Geschichten möchten wir den von PPD Betroffenen praktische Unterstützung und Hoffnung bieten.

Kapitel 9

Professionelle Hilfe suchen: Der Wert einer Diagnose

Um festzustellen, ob Sie an einem Wochenbettblues oder einer schwereren Form der Depression leiden, wird Ihr Arzt Sie häufig nach Ihren Gefühlen, Gedanken und Ihrer psychischen Gesundheit fragen. Schämen Sie sich nicht, wenn Sie an einer Wochenbettdepression leiden. Informieren Sie Ihren Arzt über Ihre Symptome, damit Sie und Ihr Arzt eine geeignete Behandlungsstrategie entwickeln können.

Im Rahmen Ihrer Untersuchung kann Ihr Arzt ein Depressionsscreening durchführen, bei dem Sie möglicherweise einen Fragebogen ausfüllen müssen. Ihr Arzt kann weitere Tests verschreiben, um andere mögliche Ursachen Ihrer Symptome auszuschließen.

Behandlung

Die Behandlungs- und Genesungszeitpläne variieren je nach Schweregrad Ihrer Depression und Ihren spezifischen Anforderungen. Wenn Sie an einer Unterfunktion der Schilddrüse oder einer anderen Grunderkrankung leiden, empfiehlt Ihnen Ihr Arzt möglicherweise, einen Spezialisten aufzusuchen. Ihr Arzt kann Sie auch an einen Psychotherapeuten verweisen.

Der Neugeborenen-Blues

Nach ein paar Tagen bis einer Woche vergeht der Babyblues meist wieder. Vorerst.

- Genug Schlaf bekommen.
- Nehmen Sie Hilfe von Familie und Freunden an.
- Knüpfen Sie Kontakte zu anderen jungen Müttern.
- Nehmen Sie sich Zeit für die eigene Suche.

Vermeiden Sie den Konsum von Alkohol und Freizeitdrogen, da diese Stimmungsschwankungen verschlimmern können.

Wenn Sie Probleme mit der Milchproduktion oder dem Stillen haben, sprechen Sie mit Ihrem Arzt über die Beauftragung einer Stillberaterin.

Depression nach der Geburt

Zur Behandlung einer postnatalen Depression werden häufig Psychotherapie (häufig auch Gesprächstherapie oder psychologische Beratung genannt), Medikamente oder eine Kombination aus beidem eingesetzt.

Psychotherapie. Es kann hilfreich sein, Ihre Bedenken mit einem Psychiater, Psychologen oder einem anderen Experten für psychische Gesundheit zu besprechen. Eine Therapie kann Ihnen helfen, bessere Wege zu finden, Ihre Emotionen zu kontrollieren, Probleme zu lösen, realistische Ziele zu setzen und auf gesunde Weise auf Situationen zu reagieren. Auch eine Familien- und Beziehungsberatung kann hilfreich sein. Postpartale Depressionen werden mit kognitiver Verhaltenstherapie (CBT) und interpersoneller Psychotherapie behandelt.

Antidepressiva. Ihr Arzt kann Ihnen die Einnahme eines Antidepressivums empfehlen. Wenn Sie stillen, gehen alle Medikamente, die Sie einnehmen, in Ihre Muttermilch über. Die meisten Antidepressiva können hingegen während der Stillzeit ohne große Gefahr für Ihr Kind eingenommen werden. Besprechen Sie die Risiken und Vorteile verschiedener Antidepressiva mit Ihrem Arzt.

Andere Medikamente. Bei Bedarf können weitere Medikamente zu Ihrem Behandlungsplan hinzugefügt werden. Wenn Sie beispielsweise an einer postpartalen Depression und gleichzeitig an starken Angstzuständen oder Schlaflosigkeit leiden, kann Ihnen für einen kurzen Zeitraum ein angstlösendes Medikament verschrieben werden.

Brexanolon (Zulresso) ist das erste von der US-amerikanischen Food and Drug Administration zugelassene Medikament für erwachsene Frauen mit postpartalen Depressionen. Brexanolon verlangsamt den schnellen Abfall einiger Hormone nach der Entbindung, der zu postpartalen Depressionen beitragen kann. Aufgrund des Risikos schwerwiegender Nebenwirkungen muss das Medikament über eine Vene injiziert und 60 Stunden lang von einem Arzt überwacht werden. Aus diesem Grund ist die Therapie derzeit nicht allgemein verfügbar.

Die Entwicklung eines oralen Medikaments gegen postpartale Depressionen ist noch im Gange und die Ergebnisse sind ermutigend. Das untersuchte Medikament wirkt auf die gleiche Weise wie Brexanolon . Wenn es jedoch regelmäßig als Tablette eingenommen wird, hat es möglicherweise nicht dieselben negativen Nebenwirkungen.

Die Symptome einer postpartalen Depression bessern sich oft bei angemessener Behandlung. In seltenen Fällen kann sich eine postpartale Depression zu einer dauerhaften Depression entwickeln. Es ist wichtig, die Therapie fortzusetzen, nachdem Sie sich besser fühlen. Wenn Sie die Therapie zu früh abbrechen, kann es zu einem Rückfall kommen.

Psychose nach der Entbindung.

Postpartale Psychosen benötigen rasche medizinische Versorgung, häufig im Krankenhaus. Zu den Therapiealternativen zählen:

Medikamente. Um Ihre Symptome zu lindern, müssen Sie möglicherweise eine Kombination von Medikamenten einnehmen, beispielsweise Antidepressiva, Antipsychotika, Stimmungsstabilisatoren oder Benzodiazepine.

Die Elektrokrampftherapie wird als ECT abgekürzt. Wenn Medikamente Ihre Symptome einer postpartalen Depression und Psychose nicht lindern, kann ECT in Betracht gezogen werden. ECT ist ein Verfahren, bei dem absichtlich kleine elektrische Ströme an das Gehirn gesendet werden, die einen kurzen Anfall verursachen. ECT scheint die Gehirnchemie zu verändern, was die Symptome einer Psychose und Depression lindern kann, insbesondere wenn andere Therapien versagt haben.

Ein Krankenhausaufenthalt zur Behandlung einer postpartalen Psychose kann das Stillen erschweren. Das Stillen wird schwierig, da das Baby getrennt ist. Während Sie im Krankenhaus sind, kann Ihr Arzt Sie beim Laktieren (der Produktion von Muttermilch) unterstützen.

Hausmittel und Lebensstil

Neben der fachmännischen Behandlung können Sie selbst verschiedene Dinge tun, um Ihre Genesung zu beschleunigen.

Entscheiden Sie sich für einen gesunden Lebensstil. Integrieren Sie körperliche Aktivitäten in Ihren Tagesablauf, z. B. einen Spaziergang mit Ihrem Kind oder andere sportliche Betätigungen. Achten Sie darauf, ausreichend zu schlafen. Trinken Sie nichts und essen Sie nahrhafte Mahlzeiten.

Setzen Sie angemessene Erwartungen. Vermeiden Sie, sich selbst zu sehr unter Druck zu setzen. Reduzieren Sie Ihre Erwartungen an die perfekte Familie. Geben Sie Ihr Bestes und überlassen Sie den Rest anderen.

Nehmen Sie sich Zeit für sich selbst. Gehen Sie aus dem Haus und nehmen Sie sich Zeit für sich. Dies kann bedeuten, dass Sie die Hilfe Ihres Partners in Anspruch nehmen oder einen Babysitter engagieren. Nehmen Sie an einer Aktivität oder Unterhaltung teil, die Ihnen gefällt. Sie können auch etwas Zeit allein mit Ihrem Partner oder Freunden planen.

Isolation sollte um jeden Preis vermieden werden. Teilen Sie Ihre Gefühle mit Ihrem Ehepartner, Ihrer Familie und Ihren Freunden. Erkundigen Sie sich nach den Erfahrungen anderer Mütter. Wenn Sie Ihre Abgeschiedenheit durchbrechen, können Sie sich möglicherweise menschlicher fühlen.

Senden Sie eine Bitte um Unterstützung. Sprechen Sie mit Ihren Angehörigen darüber und sagen Sie ihnen, dass Sie Unterstützung brauchen. Nutzen Sie die Chance, wenn sich freiwillig jemand zum Babysitten anbietet. Wenn Sie schlafen können, machen Sie ein Nickerchen, gehen Sie ins Kino oder treffen Sie sich mit Freunden auf einen Kaffee. Es kann auch hilfreich sein, Ratschläge zu Erziehungsfähigkeiten einzuholen, z. B. Pflegetechniken, die den Schlaf Ihres Babys verbessern und Unruhe und Schreien lindern.

Denken Sie daran, dass Sie sich um Ihr Kind kümmern müssen, wenn Sie sich um sich selbst kümmern.

Bewältigung und Unterstützung

Wenn eine Depression auftritt, wird die ohnehin schon belastende und anstrengende Zeit nach der Geburt noch zusätzlich verstärkt.

Bedenken Sie jedoch, dass eine postnatale Depression niemals die Schuld von irgendjemandem ist. Es handelt sich um eine weit verbreitete Erkrankung, die behandelt werden muss.

Wenn Sie mit einer postnatalen Depression zu kämpfen haben, sprechen Sie mit Ihrem Arzt. Erkundigen Sie sich bei Ihrem Arzt oder Therapeuten nach lokalen Selbsthilfegruppen für junge Mütter und Frauen, die mit einer postnatalen Depression zu kämpfen haben.

Je früher Sie sich behandeln lassen, desto besser sind Sie darauf vorbereitet, mit der Depression fertig zu werden und sich gleichzeitig an Ihrem neuen Baby zu erfreuen.

Bereiten Sie sich auf Ihren Termin vor.

Nach Ihrer ersten Sitzung kann Ihr Arzt Sie an einen Experten für psychische Gesundheit verweisen, der gemeinsam mit Ihnen einen Behandlungsplan erstellt. Bringen Sie ein vertrauenswürdiges Familienmitglied oder einen Freund zu Ihrer Sitzung mit, damit Sie sich an alles erinnern können.

Was Sie erreichen können

Bereiten Sie vor Ihrem Termin eine Liste mit den folgenden Dingen vor:

Bitte beschreiben Sie alle Symptome, die bei Ihnen aufgetreten sind, und wie lange diese schon anhalten.

Alle Ihre medizinischen Probleme, sowohl körperliche als auch emotionale, einschließlich Depressionen.

Alle verschreibungspflichtigen und rezeptfreien Medikamente, Vitamine, Kräuter und anderen Nahrungsergänzungsmittel, die Sie einnehmen, sowie deren Mengen.

Welche Fragen sollten Sie Ihrem Dienstanbieter stellen?

Stellen Sie sich ggf. die folgenden Fragen.

- Was ist die genaue Natur meiner Erkrankung?
- Von welchen Therapien werde ich am ehesten profitieren?
- Welche potenziellen Nachteile haben die von Ihnen vorgeschlagenen Lösungen?
- Wie schnell erwarten Sie eine Besserung meiner Symptome durch die Behandlung?
- Ist es sicher, während des Stillens Medikamente einzunehmen?
- Wie lange muss ich behandelt werden?
- Welche Änderungen des Lebensstils helfen mir, meine Symptome zu lindern?

- Wie oft sollte ich Folgetermine vereinbaren?
- Erhöht sich bei mir das Risiko, dass ich weitere psychische Probleme habe?
- Ist es wahrscheinlich, dass dieses Problem erneut auftritt, wenn ich noch ein Kind bekomme?
- Was kann ich tun, um zu verhindern, dass dies erneut passiert, wenn ich ein weiteres Kind bekomme?
- Können Sie mir Druckmaterialien zur Verfügung stellen? Welche Websites empfehlen Sie?

Bitte zögern Sie nicht, während Ihres Aufenthaltes weitere Fragen zu stellen.

Was können Sie von Ihrem Arzt erwarten?

Ihr Arzt oder Psychotherapeut wird Ihnen möglicherweise die folgenden Fragen stellen:

- Welche Symptome haben Sie und wann haben sie begonnen?
- Haben sich Ihre Symptome mit der Zeit verbessert oder verschlechtert?
- Erschweren Ihre Symptome die Pflege Ihres Kindes?

- Empfinden Sie für Ihr Kind dasselbe, wie Sie es erwartet haben?
- Können Sie schlafen, wann immer Sie möchten, und bei Bedarf aus dem Bett aufstehen?
- Beschreiben Sie Ihr Energieniveau.
- Verändert sich Ihr Geschmack?
- Wie häufig erleben Sie Nervosität, Ungeduld oder Wut?
- Haben Sie schon einmal daran gedacht, sich selbst oder Ihrem Kind Schaden zuzufügen?
- Wie viel Unterstützung erhalten Sie bei der Betreuung Ihres Kindes?
- Gibt es in Ihrem Leben noch andere große Belastungen, beispielsweise finanzielle oder eheliche Probleme?
- Wurden bei Ihnen andere gesundheitliche Probleme diagnostiziert?
- Wurde bei Ihnen schon einmal eine psychische Erkrankung diagnostiziert, beispielsweise eine Depression oder eine bipolare Störung? Wenn ja, welche Therapie war am wirksamsten?

Abhängig von Ihren Antworten, Symptomen und Anforderungen wird Ihr Arzt möglicherweise weitere Fragen stellen.

Durch frühzeitiges Anfragen können Sie Ihren Besuch optimal gestalten.

Differentialdiagnose: PPD im Vergleich zu anderen Störungen

Es ist umstritten, ob sich eine postpartale schwere depressive Episode (postpartale Depression [PPD]) ausreichend von früheren schweren depressiven Episoden (schwere depressive Störung) unterscheidet, um eine neue Diagnose zu rechtfertigen. In Bezug auf Epidemiologie, Ätiologie und Therapie werden die Beweise für und gegen die diagnostische Unterscheidung von PPD bewertet. Insgesamt sind die Beweise für die Unterscheidung von PPD von einer schweren depressiven Erkrankung nicht eindeutig und werden stark davon beeinflusst, wie die postpartale Phase klassifiziert wird. PPD kann in der frühen postpartalen Phase deutlich erkennbar sein (variabel definiert, aber typischerweise mit Beginn in den ersten 8 Wochen), während Depressionen in der späteren postpartalen Phase je nach Schwere der Symptome, Erblichkeit und epigenetischen Daten eher einer schweren depressiven Störung ähneln können, die außerhalb der perinatalen Phase auftritt.

Da PPD, die häufigste Geburtskomplikation, mit sofortiger und langfristiger Morbidität und Mortalität bei Mutter und Kind verbunden ist, hat diese Idee erhebliche Auswirkungen auf die Behandlung. Zukünftige Studien über den Unterschied zwischen PPD und schweren depressiven Erkrankungen sollten sich auf die frühe postpartale Phase konzentrieren, wenn der schnelle Rückgang der Hormone zu einem Entzugszustand beiträgt, der erhebliche Veränderungen der Funktion des Zentralnervensystems erforderlich macht.

Seit mehr als 150 Jahren diskutieren Experten darüber, ob sich die postpartale Depression ausreichend von einer schweren depressiven Störung unterscheidet, um eine eigenständige Diagnose zu rechtfertigen. Mitte des 19. Jahrhunderts begannen medizinische Fallstudien, zwischen puerperalen psychischen Störungen und nichtpuerperalen Störungen zu unterscheiden. In den 1960er Jahren beschrieb eine grundlegende Studie eine Form der „nichtklassischen Depression", die die überwiegende Mehrheit der postpartalen Depressionen umfasste. Bis

1994 wurde in das DSM-IV ein postpartaler Spezifizierer für schwere Depression aufgenommen. Eine schwere Depression „mit postpartalem Beginn" war eine depressive Episode, die innerhalb von vier Wochen nach der Entbindung begann. Dieser Spezifizierer wird im DSM-5 fortgeführt, umfasst nun jedoch Episoden, die während der Schwangerschaft beginnen, „mit peripartalem Beginn".

Perinatale Depression (PND) und postpartale Depression (PPD) werden häufig synonym verwendet, beziehen sich jedoch meist auf eine erhebliche oder leichte Depression, die während der Schwangerschaft auftritt oder bis zu 12 Monate nach der Geburt anhält. Abgesehen vom Beginn der depressiven Episode gibt es keine Klassifizierung, die PPD als wirklich von einer schweren depressiven Erkrankung unterscheidet. Darüber hinaus unterscheiden sich die verschiedenen Definitionen von PPD und PND hinsichtlich der charakterisierenden Zeitspanne.

In dieser Übersicht wird der Begriff „schwere depressive Störung" zur Beschreibung einer schweren depressiven Episode verwendet, die außerhalb der perinatalen Phase (vor der Schwangerschaft oder mehr als 12 Monate nach der Geburt) auftritt. In PPD-Studien wird der

Referenzzeitraum anhand der Anzahl der Wochen bis Monate nach der Geburt geklärt.

Zu den weiteren systemischen Einschränkungen bei der Bestimmung, ob sich eine PPD von einer schweren depressiven Störung unterscheidet, gehören Unterschiede bei den zur Beurteilung einer schweren depressiven Episode verwendeten Screening-Instrumenten sowie Ähnlichkeiten zwischen depressiven Symptomen und „normalen" postpartalen Erfahrungen.

Müdigkeit, Schlafstörungen und Appetitlosigkeit können eher Anzeichen für Probleme bei der Säuglingspflege als für Melancholie sein. Bemühungen, Screening- und Diagnoseverfahren zu entwickeln, die die Überschneidung zwischen Depressionssymptomen und der Anpassung nach der Geburt berücksichtigen, werden durch den bereits erwähnten Mangel an Klarheit und Einheitlichkeit bei der Definition der postnatalen Phase behindert. Die Edinburgh Postnatal Depression Scale (EPDS), das am weitesten verbreitete Selbstauskunfts-Screening-Maß für PPD, weist eine geringere Spezifität und Sensitivität bei der Erkennung einer schweren depressiven Krise in der postnatalen Phase (variabel definiert) auf als eine schwere depressive Krise zu jedem anderen

Zeitpunkt. Mit anderen Worten: Die EPDS ist bei der Diagnose schwerer Depressionen möglicherweise erfolgreicher als die PPD (für die sie gedacht ist).

Die EPDS wurde hinsichtlich Zuverlässigkeit, Validität, Sensitivität, Spezifität, Kürze und Vielfalt der Populationen, für die die Skala validiert wurde, als das beste von 16 für den Einsatz bei Frauen nach der Geburt validierten Depressionsmaßen bewertet. Das ideale PPD-Selbstberichtsmaß würde mögliche eindeutige PPD-Symptome umfassen, die in Screening-Tools für schwere depressive Störungen fehlen, Gewichtssymptome, die mit üblichen Erfahrungen nach der Geburt übereinstimmen, sowie eine hohe Inhaltsvalidität und -zuverlässigkeit. In Ermangelung spezifischerer Screening-Protokolle ist PPD schwer von dem relativ häufigen „Babyblues" und klinischen Störungen mit Symptomüberschneidungen wie generalisierter Angststörung, Zwangsstörung und postpartaler Psychose zu unterscheiden. Obwohl die Psychiatrie nach einer Präzisionsmedizin strebt, besteht daher weiterhin große Uneinigkeit über entscheidende Aspekte der PPD-Forschungstechniken, beispielsweise darüber, wie die postpartale Phase definiert und PPD beurteilt wird.

Da psychiatrische Diagnosen vor und während der Schwangerschaft die stärksten Prädiktoren für PPD sind, ist es wahrscheinlich, dass sich PPD physiologisch und phänotypisch nur bei Frauen von einer schweren depressiven Störung unterscheidet, die ihre erste und einzige psychische Episode während der Schwangerschaft haben. Es ist unklar, ob es ein „reines" PPD-Syndrom gibt, bei dem Frauen nur während der Schwangerschaft eine schwere depressive Episode haben, und dies ist möglicherweise klinisch weniger bedeutsam, da es sich bei der großen Mehrheit der PPD-Fälle (78 %) um Rückfälle einer schweren depressiven Störung handelt. Eine schwere depressive Störung ist ein häufig wiederkehrender Zustand, und Frauen, die vor der Geburt ihres ersten Kindes eine schwere depressive Störung hatten, haben ein 20-mal höheres Risiko, an einer postpartalen Depression zu erkranken. Darüber hinaus sagt eine Depression vor der Schwangerschaft eine schwerere postpartale depressive Episode voraus, was darauf hindeutet, dass es sich bei einer reinen PPD um einen Subtyp mit milderen depressiven Symptomen handeln könnte.

Dennoch zeigen diese Daten, dass die Untertypisierung der PPD effektiv sein kann, je nachdem, ob die PPD-Episode isoliert ist (d. h. reine PPD) oder in Verbindung mit einer früheren schweren depressiven Episode oder einer anderen psychischen Erkrankung vor der Schwangerschaft auftritt .

Unter Berücksichtigung dieser Einschränkungen und Bedenken untersuchen wir aktuelle Daten, die die Eindeutigkeit von PPD als Diagnose belegen oder widerlegen. Dabei konzentrieren wir uns auf die Ergebnisse der letzten vier Jahre, um die herausragende Arbeit von Di Florio und Meltzer-Brody zu ergänzen. Die folgende Auswertung vergleicht und kontrastiert PPD und schwere depressive Erkrankungen hinsichtlich epidemiologischer und ätiologischer Daten sowie möglicher Behandlungsoptionen. Diese Daten werden verwendet, um zu bestimmen, ob PPD als eigenständige Erkrankung klassifiziert werden sollte, und um Empfehlungen für weitere Studien zu geben.

Die Epidemiologie weist ähnliche Prävalenzmuster auf.

Um die Prävalenzraten von PPD und schweren depressiven Störungen direkt zu vergleichen, konzentrieren wir uns auf Studien, die beide Erkrankungen in derselben Kohorte untersuchen. Insgesamt legen Studien, die diese Technik verwenden, nahe, dass die Prävalenzschätzungen für PPD und schwere depressive

Störungen ähnlich sind. In einer Studie unterschied sich die 12-Monats-Prävalenzrate schwerer Depressionen nicht signifikant zwischen Frauen 0-12 Monate nach der Geburt und Frauen im gebärfähigen Alter, die sich nicht in der peripartalen Phase befanden (10,2 % gegenüber 13,1 %). Eine andere Studie ergab, dass die Prävalenz von PPD (gemessen 6 Wochen nach der Geburt) und schwerer depressiver Störung vergleichbar war (8,9 % gegenüber 13,6 %).

Die Raten variierten statistisch. Als das Risiko einer Depression in der postpartalen Phase um Risikofaktoren bereinigt wurde, die in der Stichprobe der nicht-postpartalen Frauen häufiger auftraten, wurde es tatsächlich größer als das Risiko einer Depression außerhalb des perinatalen Fensters (die Schwankungen in ihren Ergebnissen könnten durch ihre relativ kleine Stichprobengröße erklärt werden). Diese Daten zeigen, dass PPD und schwere depressive Störungen wahrscheinlich beide häufig sind.

Unterschiede.

Im Vergleich zur Schätzung der Prävalenz schwerer depressiver Störungen erfordert die Schätzung der Prävalenz von PPD zusätzliche Überlegungen, wie die

Definition des postpartalen Zeitfensters und die Entscheidung, ob Frauen mit einer Vorgeschichte schwerer depressiver Störungen und/oder anderer psychiatrischer Störungen einbezogen werden sollen. Die Konzentration auf Untergruppen verhindert zwar Verallgemeinerungen für die größere Population postpartaler Frauen, kann jedoch bei der Identifizierung von Risiken und der Entwicklung gezielter Behandlungen hilfreich sein. Wenn Studien kombiniert werden, die die Dauer des postpartalen Zeitfensters auf deutlich unterschiedliche Weise definieren, können wichtige ätiologische Unterschiede zwischen PPD-Subtypen sowie die zugrunde liegende Inzidenz von PPD, die durch biologische und hormonelle Ereignisse während der Geburt verursacht wird, verschleiert werden.

Die Symptome sind ähnlich.

PPD und schwere depressive Störung sind beides komplizierte Krankheiten, deren Symptome bei einigen, aber nicht allen depressiven Personen auftreten. Studien, die PPD und schwere depressive Störung vergleichen, zeigen, dass einige Symptome wie Angst (definiert als bis zu 6 Wochen nach der Entbindung), aggressive Zwangsgedanken (definiert als bis zu 3 Monate nach der

Entbindung), Ruhelosigkeit und Erregung (definiert als bis zu 3 Monate nach der Entbindung) und Konzentrations- und Entscheidungsbeeinträchtigungen (definiert als bis zu 3 Monate nach der Entbindung) bei Frauen mit entweder häufiger oder schwerer auftreten.

Unterschiede.

Wenn Depressionen erstmals während der peripartalen Phase auftreten, unterscheidet sich die klinische Darstellung der depressiven Symptome. Insbesondere Frauen, die 8 Wochen nach der Geburt an Depressionen litten, hatten fast viermal so häufig eine schwere Depression wie Frauen, die während der Schwangerschaft an Depressionen litten. Im Vergleich zu Frauen, die während der Schwangerschaft oder 8-12 Wochen nach der Geburt an Depressionen litten, litten diese Frauen häufiger an einem ängstlichen Anhedonie-Subtyp der Depression.

Obwohl es keinen klaren Zusammenhang zwischen PPD und schwerer Depression gibt, weist diese Forschung darauf hin, dass PPD mit einem frühen Beginn nach der Geburt erhebliche klinische Aspekte haben könnte.

Wichtige Überlegungen:

Frauen leiden sowohl während der perinatalen als auch der postpartalen Phase unter Depressionen. Die Schätzung der PPD-Prävalenzraten ist schwierig, da es Unterschiede bei den Bewertungsverfahren (Selbstauskunftsfragebögen vs. vom Arzt durchgeführte Interviews), den Definitionen der postpartalen Phase, den Diagnosegeräten und den Risikofaktoren (z. B. Depressionen in der Vorgeschichte) gibt. Die meisten Studien, die die Prävalenzraten von PPD und schweren depressiven Störungen vergleichen, kommen jedoch zu dem Ergebnis, dass Depressionen in ähnlichem Ausmaß auftreten. Obwohl einige Studien gezeigt haben, dass bestimmte Symptome häufiger auftreten, wenn Depressionen erstmals auftreten, sind die Symptome von PPD und schweren depressiven Erkrankungen dieselben. Zukünftige epidemiologische Studien sollten die Häufigkeit und Symptomatologie von PPD mit frühem postpartalen Beginn (d. h. innerhalb von 8 Wochen nach der Geburt) mit PPD mit spätem postpartalen Beginn und schwerer depressiver Erkrankung vergleichen.

Der Anfang

PPD und schwere depressive Störungen werden durch biologische (genetische, neurologische und hormonelle) und psychosoziale (Stressoren) Elemente sowie deren Wechselwirkungen (Epigenetik) verursacht.

PPD unterscheidet sich von einer schweren depressiven Störung hinsichtlich des Zeitpunkts (nach der Geburt), der Art der psychosozialen Stressoren (z. B. Aufziehen eines Neugeborenen, Anpassung der Beziehung) und der möglichen physiologischen Ursachen (dramatischer Anstieg der Gonadenhormone, begleitet von einem raschen Rückgang im Zusammenhang mit Schwangerschaft bzw. Geburt). PPD und schwere depressive Störung haben bestimmte Risikofaktoren gemeinsam. In Bezug auf genetische, hormonelle, neurologische, psychologische und epigenetische Risikofaktoren vergleicht und kontrastiert dieser Abschnitt PPD mit einer schweren depressiven Störung.

Variablen molekularen Ursprungs.

Ähnlichkeiten.

Die meisten Belege deuten darauf hin, dass PPD und schwere psychische Störungen genetisch miteinander verbunden sind. Einer umfangreichen Studie zufolge könnte die erhebliche Überschneidung genetischer Risikofaktoren (z. B. Monoaminooxidase [MAO], Catechol-O-Methyltransferase [COMT] und 5HTT) zwischen PPD und schwerer depressiver Störung bedeuten, dass die beiden Störungen im Grunde gleich sind, nur mit zeitlichem Unterschied. Gene, die an Fortpflanzungs- und Stresshormonbahnen beteiligt sind (z. B. Östrogen- und Glukokortikoidrezeptorgene), werden mit PPD und schwerer Depression in Verbindung gebracht. PND-Patienten und Nicht-PND-Patienten haben fast zwei Drittel ihrer genetischen Variation gemeinsam.

Unterschiede.

Studien an Zwillingen und Geschwistern, die keine Zwillinge sind, zufolge ist die PPD eher vererbbar als eine schwere depressive Störung.

Die Geschwisterforschung ergab eine Vererbungsrate von 40 % für postnatale Depression (definiert als Depression innerhalb eines Jahres nach der Geburt) und 32 % für Nicht-PND. Da PPD während der Schwangerschaft auftritt, schlussfolgerten die Autoren, dass sie hinsichtlich möglicher Ursachen homogener und daher vererbbarer sein könnte als Depressionen, die anderswo auftreten. Heritabilitätsstudien hingegen stießen auf methodische

Herausforderungen, wodurch Heritabilitätsvergleiche weniger nützlich wurden. In früheren Studien wurden beispielsweise Personen verglichen, die mindestens eine PPD-Episode (mit oder ohne nachfolgende schwere depressive Episoden) berichteten, mit solchen, die nur von schweren depressiven Episoden nach der Entbindung berichteten. Mit dieser Strategie wurden Frauen verglichen, die von schweren depressiven Episoden nach der Geburt und nicht während der Geburt berichteten, mit solchen, die nur von schweren depressiven Episoden während der Geburt berichteten. Ein robusterer Test würde die DNA von Frauen mit reiner PPD mit der von Frauen mit schwerer Depression vergleichen.

Der Beginn einer signifikanten depressiven Episode während der postpartalen Phase bestimmt, wie gut genetische Faktoren eine PPD vorhersagen. Zwei systematische Auswertungen ergaben, dass genetische Faktoren in der frühen postpartalen Phase (innerhalb von 6-8 Wochen nach der Geburt) stärker mit PPD in Zusammenhang stehen als in der späten postpartalen Phase.

Der kurze Genotyp des Dopamintransportergens sagte beispielsweise PPD in den frühen Stadien (Woche 1-8) voraus, aber nicht in den späteren Stadien (Woche 9-24). postpartal, während genetische Variationen des Glukokortikoidrezeptors und des Corticotropin-Releasing-Hormon-Rezeptors 1 das PPD-Risiko in den Wochen 2-8 erhöhen, aber nicht in den Monaten 6-8, und Versionen von MAO-A und COMT mit geringer Aktivität mehr depressive Symptome 6 Wochen, aber nicht 12 Wochen postpartal vorhersagen. Depressive Symptome, die zwischen 6 und 8 Wochen postpartal auftraten, wiesen in einer Studie, die das Beginndatum mit Heritabilitätsschätzungen verknüpfte, die höchste Erblichkeit von PPD auf.

Hormonkomponenten

Ähnlichkeiten.

Akuter und anhaltender Stress sind häufig die Ursachen schwerer depressiver Episoden. Je nach Entwicklungszeitpunkt, Art und Dauer der Stressbelastung können diese Belastungen jedoch langfristige Folgen für die Funktion der HPA-Achse haben und die Wahrscheinlichkeit einer Depression im Allgemeinen erhöhen. Ebenso haben Geschlecht, Gonadenhormone und Fortpflanzungsstatus im Laufe der Zeit Auswirkungen auf die Stressreaktion. Sowohl PPD- als auch SAD-

Patienten haben eine gestörte Funktion der HPA-Achse, die wahrscheinlich beim Ausbruch einer Depression eine Rolle spielt.

Unterschiede.

Die hormonellen Veränderungen, die während der postpartalen Phase auftreten, definieren PPD. Obwohl hormonelle Veränderungen eine Ursache für PPD sein können, konnte kein eindeutiger Zusammenhang zwischen PPD und Hormonspiegeln nachgewiesen werden, weder in absoluter noch in relativer Hinsicht. Vielmehr zeigen wissenschaftliche Daten, dass ein kleiner Teil der schwangeren Frauen besonders anfällig für die erheblichen Hormonschwankungen ist, die auftreten.

In einer Studie zeigten fünf von acht Frauen mit einer PPD-Vorgeschichte depressive Symptome, wenn Progesteron und Estradiol exogen erhöht und dann schnell wieder gesenkt wurden (um die hormonellen Veränderungen im Zusammenhang mit Schwangerschaft und Wochenbett nachzuahmen). Im Gegensatz dazu zeigte die Kontrollgruppe (alle Frauen ohne PPD-Vorgeschichte) keine Zunahme depressiver Symptome, obwohl sie derselben hormonellen Manipulation unterzogen wurden und ähnliche periphere Hormonspiegel aufwiesen. Frauen, die anfällig für PPD sind, haben nach anderen hormonellen Veränderungen, wie der Menopause und oraler Empfängnisverhütung, häufiger depressive Symptome. Diese Daten zeigen, dass PPD häufiger bei einer Gruppe von Frauen auftritt, die anfällig für die stimmungsdestabilisierenden Auswirkungen der Exposition und Schwankungen der Fortpflanzungshormone sind, und dass sich diese Untergruppe physiologisch von jenen unterscheidet, die ausschließlich zu nicht-perinatalen schweren depressiven Episoden neigen.

Ähnlichkeiten bei neurologischen Faktoren.

PPD umfasst viele derselben Gehirnregionen, die bei schwerer Depression aktiv sind. PPD und schwere depressive Störungen sind beispielsweise mit einer verringerten Aktivität in belohnungsbezogenen Gehirnregionen (z. B. ventrales Striatum) als Reaktion auf nicht mit dem Säugling zusammenhängende angenehme Reize verbunden. Frauen mit PPD zeigten eine geringere Aktivität in belohnungsbezogenen Regionen als Reaktion auf Signale ihrer eigenen Babys, und der Schweregrad der

PPD hängt davon ab, wie stark diese Reaktion unterdrückt wird.

Eine geringere Reaktionsfähigkeit in belohnungsrelevanten Regionen könnte erklären, wie PPD die Bindung zum Neugeborenen beeinträchtigen könnte, da die Belohnungsreaktion des Babys bekanntermaßen entscheidend für die Mutter-Kind-Bindung ist.

Außerdem hängen PPD und schwere depressive Störungen mit vergleichbaren Neurotransmittersystemen zusammen, nämlich den serotonergen und Gamma-Aminobuttersäure (GABA)-Systemen. Bei schwerer Depression und PPD ist die Serotoninrezeptorbindung am 5HT1A-Rezeptor in ähnlichem Maße reduziert (direkte Vergleiche innerhalb derselben Studie wurden nicht durchgeführt). Der Forschung zufolge könnte ein Versagen des GABAergen Systems (z. B. verringerte GABA-Werte im Gehirn, verringerte Expression und Funktion von GABAA-Rezeptoren) die Ursache sowohl für schwere depressive Störungen als auch für PPD sein. Niedrige Werte von Allopregnanolon, einem Progesteronmetaboliten und starken GABAergen Neurosteroid , hängen eher mit PPD als mit schweren depressiven Erkrankungen zusammen. Tierstudien zufolge haben Frauen mit PPD möglicherweise keine abnormen Allopregnanolonwerte, sondern nur eine mangelhafte Wiederherstellung der GABAergen tonischen Hemmung nach der Entbindung und eine schnelle Clearance von Allopregnanolon.

Unterschiede.

Personen mit PPD zeigten in vielen Gehirnregionen eine reduzierte Aktivität als Personen mit schwerer Depression. Mütter mit PPD zeigten eine gedämpfte Amygdala-Reaktion auf (nicht mit dem Säugling zusammenhängende) unangenehme Reize, wobei stärkere Angst- und Depressionssymptome zu einer stärkeren Abschwächung der Amygdala-Aktivität führten. In einer Studie mit depressiven Müttern war eine reduzierte Amygdala-Aktivität mit einer erhöhten selbstberichteten Wut gegenüber dem Baby verbunden. Im Vergleich zu gesunden Müttern reagierten depressive Mütter in den Gehirnregionen, die für emotionale Reaktionen und Kontrolle zuständig sind, weniger auf das Schreien ihres eigenen Säuglings. Frauen mit PPD zeigten eine reduzierte Aktivierung kritischer kortikolimbischer Neuroschaltkreise, die für emotionale Salienz und Bedrohungsverarbeitung als Reaktion auf negative emotionale Reize und Notsignale des Säuglings zuständig sind. Diese Reaktion könnte erklären, warum Mütter mit PPD weniger mütterliche Zärtlichkeit und größere Feindseligkeit gegenüber ihren Babys zeigen als gesunde Mütter.

Faktoren, die die psychosoziale Gesundheit beeinflussen:
Ähnlichkeiten.

Psychosoziale Variablen wirken sich sowohl auf PPD als auch auf schwere depressive Störungen aus. PPD wurde sowohl mit wahrgenommenem Stress (z. B. Überforderung) als auch mit langfristigem Stress (z. B. finanzielle Schwierigkeiten, mangelnde Arbeitsplatzsicherheit oder Flexibilität) in Verbindung gebracht. Chronischer psychosozialer Stress wurde auch mit schwerer Depression in Verbindung gebracht. Geringe soziale Unterstützung wirkt als Stresspuffer und wurde sowohl mit PPD als auch mit schweren depressiven Störungen in Verbindung gebracht.

Unterschiede.

Geburt und Neugeborenenpflege verursachen während der gesamten postpartalen Phase schwere psychische Störungen. Eine Metaanalyse von PPD-Prädiktoren ergab, dass Stress bei der Kinderbetreuung und das Temperament des Säuglings mittlere bis große

Auswirkungen haben, eine unerwartete oder ungeplante Schwangerschaft jedoch nur eine bescheidene Effektgröße hat. Das PPD-Risiko wird auch durch die Art der Beschäftigung bestimmt. Im Vergleich zu einer vaginalen Entbindung erhöht ein Kaiserschnitt (geplant oder notfallmäßig) die Wahrscheinlichkeit einer PPD. Elternbezogener psychosozialer Stress sagt PPD in der späten postpartalen Phase voraus, genetische und physiologische Variablen sagen sie jedoch in der frühen postpartalen Phase voraus. Elternstress, insbesondere 6 Wochen nach der Geburt, wurde innerhalb von 3-6 Monaten mit PPD in Verbindung gebracht.

Zu den Variablen im Zusammenhang mit der Epigenetik gehören Wechselwirkungen zwischen Genen und ihrer Umgebung

Ähnlichkeiten.

Obwohl nur wenige Studien biologische und psychosoziale Prädiktoren von PPD kombiniert haben, haben jene, die herausgefunden haben, dass Stressfaktoren in der frühen Kindheit, Missbrauch und Vernachlässigung beispielsweise zu den stärksten Umweltrisikofaktoren für die Entwicklung von PPD und schweren depressiven Erkrankungen gehören, wobei das

Risiko teilweise durch epigenetische Veränderungen entsteht. Wenn die Auswirkungen der Epigenetik oder Gen-Umwelt-Interaktionen untersucht werden, werden in der Regel genetische Einflüsse auf das Risiko von PPD und schweren depressiven Störungen beobachtet.

Viele der am besten untersuchten Depressionsgene (z. B. COMT, MAO-A, BDNF und 5HTTLPR) zeigen je nach Kontextvariablen wie belastenden Lebensereignissen, sozioökonomischem Status und Geburtsjahr unterschiedliche Beziehungen zu PPD. Einige der gleichen Gen-Umwelt-Interaktionen und epigenetischen Veränderungen wurden als Hauptrisikofaktoren für Depressionen identifiziert.

Stress in der Kindheit kann beispielsweise die Expression und Funktion des Glukokortikoidrezeptors verändern, was wahrscheinlich sowohl schwere depressive Störungen als auch PPD beeinflusst. Das Tragen einer oder zwei Kopien des Serotonintransportergens beispielsweise erhöht das Risiko einer Depression, wenn man stressigen Lebensereignissen ausgesetzt ist; ebenso verstärkt das Tragen des kurzen Allels die negativen Auswirkungen der Unzufriedenheit mit dem aktuellen Partner und negativer

Lebensereignisse auf die Symptome einer postpartalen Depression.

Unterschiede.

Obwohl es keine Beweise dafür gibt, dass der gonadale Hormonspiegel eine PPD vorhersagt, wurde nachgewiesen, dass Östrogen DNA-Methylierung an östrogenempfindlichen Genen wie TTC9B und HP1BP3 induziert. In Blutproben, die während der frühen Schwangerschaft entnommen wurden, sagte die DNA-Methylierung dieser Gene eine PPD mit einer Genauigkeit von über 80 % voraus. Hormonelle Veränderungen und Östrogensignale während der Schwangerschaft und der Geburt können epigenetische Veränderungen verursachen, die das PPD-Risiko erhöhen. Eine andere aktuelle Studie hat ergeben, dass Frauen mit kurzen Allelen des Serotonintransportergens und einem erheblichen Rückgang des Estradiolspiegels vom dritten Trimester bis zur ersten Woche nach der Geburt sechs Wochen später ein höheres Risiko für eine Depression hatten. Angesichts des signifikanten und schnellen Anstiegs des Östrogenspiegels von der Schwangerschaft bis nach der Geburt ist es wahrscheinlicher, dass östrogenbedingte epigenetische Veränderungen und östrogenabhängige Mechanismen eine PND auslösen als eine Nicht-PND.

Wichtige zu berücksichtigende Faktoren

PPD und schwere depressive Erkrankungen können sich aus einer Reihe von Gründen entwickeln. Die zugrunde liegenden Prozesse schließen sich nicht immer gegenseitig aus und interagieren höchstwahrscheinlich, um das Risiko von PPD und schwerer Depression zu erhöhen. Estradiol und Progesteron beispielsweise haben eine breite Palette von Auswirkungen auf die Neurochemie, Struktur und Funktion des Gehirns, und beide Hormone beeinflussen verschiedene biologische Systeme, die mit PPD in Zusammenhang stehen, darunter neurologische Funktion, Schilddrüsenfunktion, HPA-Achsenfunktion und immunologische Funktion. Es bedarf weiterer Forschung, um festzustellen, ob verschiedene PPD-Phänotypen existieren, von denen jeder eine einzigartige Sammlung von Ätiologien und Biomarkern aufweist. Derzeit werden in klinischen Umgebungen keine Biomarker verwendet, um Depressionen zu diagnostizieren oder zwischen möglichen zugrunde liegenden Ursachen von Depressionen zu unterscheiden. Obwohl erste Daten zeigen, dass die Methylierung von östrogenreaktiven Genen ein Biomarker für PPD sein könnte, sind größere Probenzahlen erforderlich, um die Ausgaben zu rechtfertigen.

Depressionen in der postpartalen (oder sogar pränatalen) Phase könnten auf ein schwerwiegenderes Problem hinweisen. Frühe postpartale schwere depressive Episoden werden in der Regel durch biologische Faktoren verursacht, die mit hormonellen Veränderungen verbunden sind, aber späte postpartale schwere depressive Episoden können durch psychosozialen Stress verursacht werden. Obwohl PPD und schwere depressive Störung viele der gleichen Ursachen haben (gemeinsame Genetik mit Monoaminen, Stress und Fortpflanzungshormonen, chronische psychosoziale Stressoren im Zusammenhang mit einem Mangel an sozialer Unterstützung, Dysregulation der HPA-Achse, gedämpfte Belohnungsreaktion und Wechselwirkungen zwischen dem serotonergen System und der Umwelt), scheinen einige zugrunde liegende Mechanismen einzigartig für PPD zu sein (Empfindlichkeit gegenüber Veränderungen der Fortpflanzungshormone, Ösophagusdysreflexie

Überlegungen zu Behandlungsähnlichkeiten und Behandlungszielen.

Die Behandlung von PPD und schweren depressiven Störungen konzentriert sich auf die Symptomreduzierung, wobei die Symptomremission das ultimative Ziel ist. Darüber hinaus zielen sowohl Behandlungen von schweren depressiven Störungen als auch von postpartalen Depressionen darauf ab, die Lebensqualität und Funktionsfähigkeit bei der Arbeit und zu Hause zu verbessern. Therapien für PPD und schwere depressive Störungen sollten praktisch und akzeptabel sein, wobei der Schwerpunkt auf der Minimierung von Nebenwirkungen und ungünstigen Ergebnissen liegt.

Unterschiede.

PPD entwickelt sich während der Geburt und der Säuglingspflege, daher zielen PPD-Therapien darauf ab, auch die Pflege der Mutter zu verbessern. Frauen mit PPD hatten eine schwächere Bindung zu ihren Babys als nicht depressive Mütter, mit mehr Distanz und weniger positiven Emotionen. Eine Anpassung des mütterlichen Verhaltens ist unerlässlich, um eine gute Entwicklung des Babys sowie Zufriedenheit mit der Mutterrolle und Selbstwirksamkeit sicherzustellen.

PPD steht im Zusammenhang mit Verzögerungen der kognitiven und sozioemotionalen Entwicklung bei Neugeborenen, und Forschungsergebnisse legen nahe, dass die Qualität der Mutter-Kind-Bindung die Entwicklungsergebnisse beeinflusst. Folglich würde die ideale PPD-Therapie nicht nur eine Linderung der Symptome, sondern auch eine verbesserte Fürsorge der Mutter und weniger Entwicklungsschäden bei den Kindern beinhalten. Obwohl die Behandlung schwerer Depressionen bei Müttern mit älteren Kindern die Ergebnisse bei den Kindern verbessert, ist die Kindheit eine entscheidende Entwicklungsphase, die die Notwendigkeit unterstreicht, die Behandlungsziele von PPD zu erreichen.

Die Verträglichkeit des Medikaments mit dem Stillen ist ein wichtiger Aspekt bei der PPD-Therapie, was bei schweren Depressionen nicht der Fall ist. Obwohl die Entscheidung zum Stillen letztlich bei der Mutter liegt, empfiehlt die American Academy of Pediatrics es, da es sowohl der Mutter als auch dem Säugling hilft. Bei der Behandlung nach der Geburt ist es entscheidend, die Pharmakokinetik des Medikaments sowohl im Hinblick auf den Übergang in die Muttermilch als auch auf die

Exposition des Neugeborenen zu beurteilen. In den meisten Fällen ist die Exposition des Neugeborenen gegenüber den meisten Antidepressiva während des Stillens unbedenklich und hat keine negativen Auswirkungen (mögliche Langzeitfolgen wurden jedoch nicht untersucht).

Sertralin gilt allgemein als Antidepressivum erster Wahl bei PPD, da es in einer vergleichsweise großen Zahl von Studien keine nachweisbaren Ergebnisse bei gestillten Säuglingen gab. Der Wechsel von einem Antidepressivum zu einem experimentellen Medikament wird einer Frau, die mit ihrer aktuellen Therapie stabil ist, aufgrund des erhöhten Risikos eines Rückfalls jedoch nicht empfohlen. Nicht-pharmakologische Behandlungen umfassen Psychotherapie, Lichttherapie und transkranielle Magnetstimulation (TMS), bei denen das Kind keinen Medikamenten ausgesetzt wird. Stillende Frauen, die leichte Depressionssymptome haben und weder für sich selbst noch für andere eine Gefahr darstellen, können von einer Psychotherapie allein profitieren. TMS und Lichttherapie haben sich bei der Behandlung pränataler Stimmungsstörungen als nur begrenzt wirksam erwiesen und sind potenzielle Forschungsthemen.

Herkömmliche Antidepressiva haben mehrere Eigenschaften.

Monoaminerge Antidepressiva wie selektive Serotonin-Wiederaufnahmehemmer (SSRIs) werden gemäß Expertenempfehlungen und randomisierten kontrollierten Studien (RCTs) als Erstlinienbehandlung bei schweren depressiven Störungen und PPD empfohlen. Obwohl weniger pharmakologische Studien zur Behandlung von PPD durchgeführt wurden, scheinen Medikamente, die sich bei schweren depressiven Störungen als therapeutisch erwiesen haben, wie Sertralin, Fluoxetin, Escitalopram, Fluvoxamin, Bupropion, Venlafaxin und Nortriptylin, bei PPD nützlich zu sein. Darüber hinaus sind die Ansprech- und Remissionsraten von PPD- und MAD-SSRIs ähnlich.

Unterschiede.

Eine kürzlich durchgeführte Metaanalyse zur Wirksamkeit und Verträglichkeit von Antidepressiva bei schweren depressiven Störungen umfasste 522 randomisierte, placebokontrollierte Studien, wohingegen uns nur neun randomisierte kontrollierte Studien zu Antidepressiva bei PPD bekannt sind, die alle SSRIs verwendeten. Offene Studien für Nicht-SSRIs wie Bupropion und Venlafaxin wurden abgeschlossen. Infolgedessen sind die Belege für die Wirksamkeit von Antidepressiva bei PPD weniger überzeugend als bei schweren Depressionen, insbesondere für andere Medikamente als Sertralin, das aufgrund seiner relativen Sicherheit während der Stillzeit größere Aufmerksamkeit auf sich gezogen hat.

Obwohl RCT-Beweise den Einsatz von SSRIs bei PPD unterstützen, ergab eine kleine Studie, in der die Krankenakten von 26 Frauen mit PPD und 25 Frauen mit schweren depressiven Störungen verglichen wurden, dass Frauen nach der Geburt schwerere Depressionen hatten, länger brauchten, um auf die Behandlung anzusprechen, und häufiger mehrere Antidepressiva benötigten. Die begrenzte Stichprobengröße und die Forschungsmethoden (wie eine retrospektive Aktenuntersuchung von Frauen, die sich in Behandlung begeben) schränken die Verallgemeinerbarkeit der Ergebnisse ein. Und schließlich gibt es zwar Hinweise darauf, dass Antidepressiva die Zufriedenheit mit der Mutterrolle verbessern können, aber sie scheinen keine echten Bindungen zwischen Mutter und Kind zu haben. Diese Schlussfolgerung steht im Einklang mit früheren Studien, die darauf hinweisen, dass die Auswirkungen von PPD auf die Mutter-Kind-Beziehung noch lange nach der klinischen Remission anhalten können.

Der Hormonzustand kann die Reaktion auf Antidepressiva verändern. In zwei Studien reagierten Frauen, die innerhalb von vier Wochen nach der Entbindung eine PPD hatten, am besten auf Sertralin. Angesichts der begrenzten Stichprobengröße für diese Untergruppe von Personen mit früh einsetzender PPD sollten diese Ergebnisse mit Vorsicht betrachtet werden. Da die frühe postpartale Phase durch einen akuten Entzug von Eierstocksteroiden, einschließlich Allopregnanolon (ein GABAA-Rezeptor modulierendes Neurosteroid mit antidepressiver und angstlösender Wirkung), gekennzeichnet ist und SSRIs nachweislich die peripheren Allopregnanolonspiegel erhöhen, können diese Medikamente besonders wirksam bei Frauen sein, deren Symptome durch hormonelle

Vergleichbar ist die Psychotherapie.

Viele der gleichen Therapien, darunter kognitive Verhaltenstherapie (CBT), psychodynamische Psychotherapie und interpersonelle Psychotherapie (IPT), wirken sowohl bei PPD als auch bei schweren depressiven Erkrankungen. Psychotherapietherapien können helfen, sowohl schwere depressive Erkrankungen als auch PPD zu vermeiden.

Unterschiede.

Einigen Untersuchungen zufolge können bestimmte Psychotherapieformen sinnvoller sein, je nachdem, ob die

Behandlung gegen PPD oder eine schwere depressive Störung gerichtet ist. Während die Daten zeigen, dass PPD-Behandlungen mit einer stärkeren zwischenmenschlichen Komponente, wie z. B. IPT, wirksamer sind als CBT, können sowohl CBT- als auch IPT-Interventionen helfen, schwere Depressionen zu verhindern und zu heilen. Diese Diskrepanz kann dadurch erklärt werden, dass PPD in einem sozialen Umfeld auftritt (eine neue Rolle als Mutter übernehmen und gleichzeitig bestehende zwischenmenschliche Verbindungen aufrechterhalten und verändern).

Mutter-Kind-Psychotherapie ist ein spezifischerer Ansatz für PPD, der sich auf die Stärkung der Mutter-Kind-Bindung konzentriert. Diese Interventionen scheinen wirksam zu sein, wenn es darum geht, depressive Symptome zu reduzieren und möglicherweise die Bindungssicherheit des Säuglings zu stärken. Obwohl eine systematische Überprüfung ergab, dass sowohl individuelle als auch Mutter-Kind-Psychotherapie-Interventionen die PPD-Symptome reduzierten, waren die Effektstärken für Verbesserungen der Qualität der Mutter-Kind-Beziehung und der kindlichen Entwicklung geringer, was bedeutet, dass die Behandlung von PPD zwar notwendig, aber nicht ausreichend ist, um einen signifikanten Einfluss auf diese Ergebnisse zu haben.

Neuromodulatorische Therapien weisen mehrere Gemeinsamkeiten auf.

Elektrokrampftherapie (EKT) und transkranielle Magnetstimulation (TMS) sind zwei wirksame neuromodulatorische Behandlungen für schwere depressive Erkrankungen. EKT bleibt eine der erfolgreichsten psychiatrischen Therapien und gilt als wirksamer als Antidepressiva. Gründliche Überprüfungen und Metaanalysen von TMS bei schweren Depressionen haben ebenfalls große Effektstärken gezeigt. Obwohl es weniger Forschung zu PPD gibt, scheint es ähnlich zu reagieren wie TMS und EKT.

PPD-spezifische Therapien

Östradiol.

Hormonentzug ist einer der (möglichen) neurobiologischen Unterschiede zwischen einer schweren depressiven Störung und einer postpartalen Depression, weshalb man versucht hat, ihn mit Hormonbehandlungen zu behandeln. Obwohl exogene Sexualsteroide zur Behandlung schwerer Depressionen eingesetzt wurden, sind sie tendenziell am wirksamsten, wenn ein hypogonadaler Zustand vorliegt (wie während der Perimenopause). Transdermales Östradiol erwies sich in zwei kleinen randomisierten kontrollierten Studien und einer offenen Untersuchung als hilfreich bei der Behandlung von PPD-Symptomen. Interessanterweise hatte die Behandlungsgruppe in zwei Östradiolstudien für PPD keine wesentlich höheren Östradiolspiegel als die Placebogruppe. Diese Forschung impliziert, dass die Östradioltherapie die Regulierung postpartaler Östradiolschwankungen umfassen könnte, anstatt einen Mangel zu beheben. Östradiol wird derzeit aufgrund fehlender Beweise und der Gefahr thromboembolischer Folgen nicht als Erstlinientherapie für PPD empfohlen.

Allopregnanolon.

Progesteron und sein Neurosteroid- Metabolit Allopregnanolon werden während der Geburt rasch abgebaut und gelten als vielversprechende Zielmoleküle zur Behandlung von PPD. Der starke Anstieg und Abfall des Allopregnanolonspiegels während der Schwangerschaft und nach der Geburt beeinflusst bekanntermaßen den GABAergen Tonus, obwohl dieser Prozess bei Frauen mit PPD dysreguliert sein kann. Die US-amerikanische Food and Drug Administration (FDA) hat Brexanolon (Zulresso ; Sage Therapeutics, Cambridge, MA), eine synthetische Form von Allopregnanolon, zur Behandlung von mittelschwerer bis schwerer PPD zugelassen, die spätestens vier Wochen nach der Geburt beginnt (160). Das Zulresso Risk Evaluation and Mitigation Strategies-Programm bietet es nun an. Zurzeit gibt es nur minimale Belege zur Sicherheit beim Stillen; veröffentlichte Forschungsergebnisse zeigen jedoch, dass die Exposition des Säuglings auf ein Minimum beschränkt werden sollte (1–2 % der gewichtsangepassten Dosis der Mutter).

Obwohl der Mechanismus der Wirksamkeit von Brexanolon bei PPD unklar ist, wurde gezeigt, dass die Kontrolle des GABAergen Tonus über eine neurosteroidvermittelte GABAerge Hemmung zur Verringerung depressiver Symptome beiträgt. Trotz substanzieller Hinweise darauf, dass eine GABAerge Dysregulation zur Pathophysiologie schwerer depressiver Störungen beiträgt (aktuelle Übersichtsartikel finden Sie bei Maguire, Lüscher und Möhler sowie Frieder et al.), ist derzeit nicht bekannt, ob Neurosteroidpräparate wie Brexanolon eine wirksame Behandlung schwerer depressiver Episoden darstellen, die außerhalb der postpartalen Phase auftreten. Eine orale Form von Allopregnanolon (Zuranolon ; Sage Therapeutics, Cambridge, MA) befindet sich jedoch in klinischen Studien der Phase III. In einer kürzlich durchgeführten klinischen Studie der Phase II mit Personen mit schwerer depressiver Störung erwies sich Zaranolon bei der Verringerung der Depressionssymptome am Hauptendpunkt als wirksamer als ein Placebo.

Wichtige Überlegungen:

Aktuellen Forschungsergebnissen zufolge ähneln die meisten erfolgreichen Behandlungsoptionen für PPD denen, die häufig bei schweren depressiven Störungen eingesetzt werden. SSRIs und Psychotherapie sind in beiden Gruppen wichtige Therapien. Brexanolon ist derzeit die einzige von der FDA zugelassene Therapie für PPD. Obwohl PPD und schwere depressive Störungen auf viele der gleichen Therapien ansprechen, sollte dies nicht als Beweis für eine ähnliche Ätiologie oder Pathologie interpretiert werden, da die gleichen Medikamente bei einer Vielzahl von Krankheiten wirksam sind.

Antidepressiva und Psychotherapie können wirksam sein, da sie transdiagnostische neurobiologische Komponenten beeinflussen können, die mit der

Emotionsregulation verbunden sind. Das Verständnis der Unterschiede zwischen den Ätiologien von PPD und schweren depressiven Störungen ist andererseits entscheidend für die Entwicklung einer maßgeschneiderten Behandlungsstrategie.

Obwohl bei schweren depressiven Erkrankungen GABAerge Störungen vorliegen, tritt PPD im Rahmen eines Hormonentzugs auf. Die Behandlung von PPD mit GABAerger Dysfunktion kann vorteilhafter sein, insbesondere in der frühen postpartalen Phase. Da eine Schwangerschaft zudem erhebliche Veränderungen der zwischenmenschlichen Rollen mit sich bringt, könnte IPT bei PPD besonders vorteilhaft sein. Schließlich könnten Mutter-Kind-Interventionen der effektivste Weg sein, um die besonderen Probleme der Mutterschaft anzugehen. Um sicherzustellen, dass die Behandlungsoptionen erfolgreich sind, um die PPD-Symptome zu verringern, die Mutterrolle zu verbessern und die Entwicklung der Kinder zu verbessern, sind weitere Untersuchungen zu diesen und anderen innovativen Strategien erforderlich.

Kapitel 10

17 Anzeichen dafür, dass eine Frau Vertrauensprobleme hat, und wie man ihnen begegnet

ICH Ist es offensichtlich, dass eine bestimmte Frau in Ihrem Leben Schwierigkeiten hat, Ihnen zu vertrauen, obwohl Sie nichts getan haben, um ihr Misstrauen zu erregen? Dies könnte darauf hinweisen, dass sie Vertrauensprobleme hat, und Sie sind möglicherweise nicht der Einzige, der unter ihrem Misstrauen leidet.

In diesem Kapitel erfahren Sie, wie Sie eine Frau mit Vertrauensproblemen erkennen. Wenn Sie diese Anzeichen kennen, werden Sie verstehen, wie Sie das Vertrauen einer Frau gewinnen. Es kann einige Zeit und Mühe kosten, aber sie wird letztendlich lernen, Ihnen und anderen zu vertrauen.

Was genau bedeuten Vertrauensprobleme?

Der Begriff „Vertrauensprobleme" bezieht sich auf einen psychischen Zustand, bei dem eine Person Schwierigkeiten hat, sowohl anderen Menschen in ihrem Leben als auch Fremden zu vertrauen.

Wenn eine Frau Vertrauensprobleme hat, fällt es ihr schwer, anderen zu vertrauen, da ihr Vertrauen bereits missbraucht wurde. Sie hat möglicherweise ihr Gefühl von Sicherheit und Geborgenheit verloren und erwartet daher von jedem das Schlimmste.

Lindsey M. Rodriguez und andere Autoren haben Nachforschungen angestellt, die Ihnen alles Wissenswerte über Misstrauen und Vertrauensprobleme vermitteln. Sie zeigen den Zusammenhang zwischen Vertrauen, neurotischer Bindung, Eifersucht und Beziehungsmissbrauch auf.

17 Anzeichen dafür, dass es einer Frau an Vertrauen mangelt

Vertrauen ist eine der grundlegendsten Voraussetzungen für eine erfolgreiche Beziehung. Wenn zwei Menschen in einer Beziehung sind, müssen sie einander vertrauen, damit die Beziehung Bestand hat.

Wenn es in der Partnerschaft jedoch an Vertrauen mangelt, kann es sein, dass ein Partner Schwierigkeiten hat, dem anderen zu glauben, selbst wenn dieser die Wahrheit sagt.

Hier sind mehrere Anzeichen dafür, dass einer Dame das Vertrauen fehlt.

1. Sie ist vorsichtig.

Wenn Frauen zu zurückhaltend sind, kann man ihnen Vertrauensprobleme zuschreiben. Wenn es um Sie geht, werden Sie feststellen, dass ihr Beschützerinstinkt in höchster Alarmbereitschaft ist. Selbst wenn die Warnzeichen deutlich zu erkennen sind, sorgt sie immer dafür, dass Sie sicher sind.

Darüber hinaus möchte jemand, dem es an Vertrauen mangelt, ständig wissen, wo Sie sind, um Ihre Sicherheit zu gewährleisten. Wenn ihr Beschützerinstinkt unbequem wird, können Sie sicher sein, dass sie Vertrauensprobleme hat.

2. Sie ist ihrer Familie und ihren Freunden gegenüber misstrauisch.

Ein weiteres Symptom für Vertrauensprobleme einer Frau ist ihre Unfähigkeit, ihren Verwandten und Freunden zu vertrauen. Sie scheint sich immer auf das Schlimmste vorzubereiten. Selbst wenn die Anzeichen offensichtlich sind, glaubt sie nicht, dass deren Motive echt sind.

Eine Frau mit einem geringen Maß an Vertrauen ist der Meinung, dass Blutsverwandte und enge Freunde nicht als Menschen mit Hintergedanken herausgestellt werden sollten. Daher wahrt sie bei Kontakten mit ihnen eine sichere Distanz, um Verletzungen zu vermeiden.

3. Sie versucht, Nähe zu vermeiden.

Wenn eine Frau sich weigert, persönlich mit Ihnen zu sprechen, deutet das auf ein Vertrauensproblem in der Beziehung hin. Manchmal liegt die Erklärung darin, dass sie Ihren Absichten nicht traut.

Sie hat furchtbare Angst davor, ihre Verletzlichkeit zu zeigen, wenn sie mit Ihnen intim wird. Sie ist sich auch bewusst, dass manche Menschen verletzliche Menschen ausnutzen.

Infolgedessen wird sie immer auf der Hut sein und persönliche Situationen vermeiden, um Verletzungen zu vermeiden. Sie gibt vielleicht vor, Sie zu lieben, aber es fällt ihr schwer, ihre Gefühle mitzuteilen, da sie Angst vor

Nähe hat. Dies ist eine Möglichkeit, festzustellen, ob eine Dame Vertrauensprobleme hat.

4. Sie wärmt alte Beschwerden wieder auf.

Wenn Ihre Freundin vergangene Auseinandersetzungen zur Sprache bringt, können Sie erkennen, ob sie Vertrauensprobleme hat. Wenn sie das oft tut, werden Sie feststellen, dass sie immer noch Zweifel an den Schwierigkeiten hat, selbst wenn diese gelöst wurden.

Sie äußert ihre Zweifel vielleicht, weil sie damit unzufrieden ist. Solche Damen werden an ähnliche Probleme erinnert, da Sie in der Vergangenheit möglicherweise damit konfrontiert waren. Dadurch wird ihre Entscheidung bezüglich der früheren Umstände gestärkt.

5. Sie lauscht gerne.

Schnüffeln ist eines der Anzeichen für Vertrauensprobleme, auf die Sie achten sollten. Wenn einer Frau das Vertrauen fehlt, beginnt sie, alles Ungewöhnliche zu hinterfragen. Wenn Sie noch ein paar Minuten länger draußen bleiben, möchte sie vielleicht jedes Detail hören.

Sie könnte wütend werden, wenn Sie in Ihren Antworten ausweichen, weil Sie ihr die Sicherheit verweigern, die ganze Wahrheit zu erfahren. Wenn Sie ihr außerdem nicht alle notwendigen Fakten liefern, könnte sie sich zu viele Sorgen machen.

6. Sie starrt ständig auf Ihr Telefon.

Wenn Sie nach Anzeichen für Vertrauensprobleme suchen, sollten Sie darauf achten, ob sie häufig Ihr Telefon durchsucht. Sie wird ständig Ihr Telefon überprüfen, um zu sehen, ob Sie eine neue Person kennengelernt haben.

Wenn sie sieht, dass Sie mit einer neuen Person sprechen, stellt sie möglicherweise detailliertere Fragen zu dieser Person. An diesem Punkt vermutet sie möglicherweise, dass Sie sie betrügen, und sucht nach einem Abschluss.

Eine Frau, der es an Vertrauen mangelt, wird alle Ihre Social-Media-Interaktionen durchgehen, um zu sehen, was Sie online vorhaben.

7. Sie hat begonnen, Ihnen in den sozialen Medien zu folgen.

Eines der Anzeichen dafür, dass eine Frau Vertrauensprobleme hat, ist, wenn sie Sie ständig online überwacht, obwohl sie nicht persönlich bei Ihnen ist.

Eine Frau, der es an Vertrauen mangelt, wird höchstwahrscheinlich weiterhin auf Ihren Social-Media-Posts auf allen Plattformen reagieren und möglicherweise Kosenamen verwenden, um zu zeigen, dass sie eine bestimmte Rolle in Ihrem Leben spielt.

Sie lässt Ihnen online vielleicht keine Freiräume, weil sie nicht möchte, dass jemand anderes sie in Ihrem Leben ersetzt.

8. Sie hasst es, wenn Sie ohne sie gehen.

Eines der Anzeichen dafür, dass eine Frau Vertrauensprobleme hat, ist ihr Wunsch, Sie überallhin zu begleiten. Wenn Sie irgendwo abhängen möchten, wird sie dafür sorgen, dass sie anwesend ist.

Meistens verhindert dies, dass Sie neue Leute kennenlernen, die potenzielle Partner sein könnten. Wenn sie mit Ihnen in der Öffentlichkeit ist, stellt sie sicher, dass sie Sie überall umgibt, damit niemand Sie ansprechen kann.

9. Sie denkt gerne zu viel nach.

Eine Frau mit Vertrauensproblemen wird über alles nachdenken. Wenn sie etwas Überraschendes entdeckt, interpretiert sie es auf verschiedene Weise. Wenn Sie ihre Gedanken nicht klären, wird sie weiter grübeln, bis sie einen geeigneten Landeplatz findet.

Übermäßiges Grübeln ist eines der Anzeichen dafür, dass eine Frau kein Vertrauen hat. Aus diesem Grund wählen viele Menschen Partner, mit denen sie tiefgründige Gespräche führen können. Übermäßiges Grübeln kommt in solchen Beziehungen seltener vor, da ihre Partner ihnen alles erzählen, was sie wissen müssen.

10. Sie hat keine feste Beziehung.

Die Unfähigkeit einer Frau, feste Bindungen aufzubauen, ist eines der Symptome dafür, dass sie Vertrauensprobleme hat. Sie denkt ständig darüber nach, wer ihr treu ist und wer nicht. Wenn einer von ihnen einen Fehler macht, wird sie die Beziehung wahrscheinlich beenden.

Sie wird jeden aus ihrem Netzwerk zurückweisen, der auch nur den geringsten Verdacht auf Verrat hegt, weil sie keinen Herzschmerz erleben möchte.

11. Sie geht Verpflichtungen aus dem Weg.

Ein Hinweis darauf, ob eine Frau Vertrauensprobleme hat, ist, wenn sie feste Bindungen um jeden Preis vermeidet.

Jemand, der Probleme mit Vertrauen hat, erkennt, dass eine feste Bindung seine Verletzlichkeit offenbart, und er ist möglicherweise nicht bereit, diesen Aspekt seiner selbst mit anderen zu teilen. Wenn er sich gezwungen fühlt, sich auf eine Beziehung einzulassen, neigt er daher eher dazu, sich zurückzuziehen.

12. Sie schürt Feindseligkeiten.

Frauen, die Vertrauensprobleme haben, wurden oft Opfer von Vertrauensmissbrauch. Daher fällt es ihnen schwer, anderen zu vertrauen, auch wenn sie alles daran setzen. Solchen Frauen fällt es normalerweise schwer, neue Mitglieder ihrer Gruppe zu akzeptieren, weil sie ihre schlechten Erfahrungen nicht wiederholen möchten.

Wenn Sie sie also leicht beleidigen, kann sie einen Groll hegen, weil sie befürchtet, dass Sie es wahrscheinlich wiederholen würden.

13. Sie ist eine Außenseiterin.

Ein weiteres Symptom einer Frau mit Vertrauensproblemen ist, dass sie lieber allein ist als mit anderen.

Ein möglicher Grund dafür ist, dass sie verstanden hat, dass das Alleinleben die Wahrscheinlichkeit verringert, diejenigen zu verunsichern, die ihr Vertrauen missbrauchen möchten. Folglich ist es umso unwahrscheinlicher, dass ihr Vertrauen untergraben wird, je weniger Menschen sie umgibt.

14. Sie hat Angst, verlassen zu werden.

Frauen, denen es an Vertrauen mangelt, haben immer große Angst davor, verlassen zu werden. Sie haben immer große Angst davor, in ihrer Beziehung abgeschnitten oder verlassen zu werden.

Wenn sie einen Notfall oder einen ungewöhnlichen Kontakt von ihren Kollegen, ihrem Ehepartner, ihrem Chef oder anderen erhalten, gehen sie sofort vom Schlimmsten aus. Infolgedessen sind sie immer bereit, loszulassen, wenn sie das Gefühl haben, dass etwas nicht stimmt.

15. Sie konzentriert sich auf die Schwächen anderer.

Eines der Anzeichen dafür, dass eine Frau mit Vertrauensproblemen zu kämpfen hat, ist ihre Konzentration auf die Verletzlichkeit anderer Menschen. Es fällt ihr vielleicht schwer, das Gute in anderen zu schätzen, da sie sich wahrscheinlich zu sehr auf die Schwierigkeiten konzentriert. Anstatt ihre Stärken auszuspielen und stärkere Bindungen aufzubauen, würde sie einen Rückzieher machen und den Kontakt zu ihnen abbrechen.

16. Sie versucht, ehrlich zu sprechen.

Einer Frau mit Vertrauensproblemen fällt es möglicherweise schwer, offen und ehrlich mit ihrem Partner zu kommunizieren.

Sie unterdrückt möglicherweise ihre Gefühle, Ideen und Ängste, weil sie glaubt, dass der Ausdruck dieser Gefühle zu Schwäche und schließlich zu Verrat führen wird. Dieser Mangel an offener Kommunikation kann die Entwicklung emotionaler Bindungen in der Beziehung behindern.

17. Sie sucht immer nach Selbstvertrauen.

Menschen, denen es schwerfällt, Vertrauen aufzubauen, wünschen sich oft Zuspruch von ihrem Partner. Sie wollen Beweise für die Liebe und Hingabe ihres Partners. Dies kann sich in wiederholten Fragen wie „Liebst du mich noch?" äußern oder in der Forderung nach regelmäßigen Liebesbekundungen, um ihre Bedenken zu zerstreuen.

Die Einbeziehung dieser zusätzlichen Hinweise in den Text trägt dazu bei, ein vollständigeres Bild der Vertrauensprobleme in Beziehungen und ihrer Auswirkung auf das Verhalten einer Frau zu zeichnen.

Lesen Sie diesen Forschungsbericht von Abdul Gaffar O. Arikewuyo und anderen, die mehr darüber erfahren möchten, wie sich mangelndes Vertrauen auf romantische Beziehungen auswirkt. Der Titel der Studie lautet „Der Einfluss mangelnden Vertrauens auf romantische Beziehungen".

Warum fällt es Frauen so schwer, zu vertrauen? Sieben Erklärungen.

Frauen können, wie Männer, aus verschiedenen Gründen Vertrauensprobleme haben. Vertrauensprobleme sind oft auf negative Erfahrungen, Ängste oder persönliche Schwierigkeiten zurückzuführen. Im Folgenden sind einige der häufigsten Gründe aufgeführt, warum manche Frauen kein Vertrauen haben:

1. Verrat aus der Vergangenheit

Wenn eine vergangene Beziehung verraten wird, kann dies langfristige emotionale Narben hinterlassen. Ehebruch, Unehrlichkeit und das Brechen wichtiger Versprechen sind alles Formen des Verrats. Da die Person befürchtet, denselben Verlust und dasselbe Leid erneut zu erleben, können diese Ereignisse Vertrauensprobleme in zukünftigen Beziehungen hervorrufen.

2. Widrigkeiten als Kind

Kindheitserlebnisse haben einen großen Einfluss auf die Fähigkeit eines Menschen, zu vertrauen.

Traumata in der Kindheit wie Vernachlässigung, körperlicher oder seelischer Missbrauch und

Verlassenwerden durch die Eltern können zu Vertrauensproblemen beitragen. Erwachsene, die diese Traumata durchlebt haben, haben möglicherweise Schwierigkeiten, Menschen zu vertrauen, weil sie Angst haben, verletzt oder zurückgewiesen zu werden, was ihre früheren Erfahrungen widerspiegelt.

3. Probleme mit dem Selbstwertgefühl

Frauen mit geringem Selbstwertgefühl kann man nur schwer vertrauen, weil sie ihren Wert in Frage stellen. Sie denken vielleicht, dass sie Liebe oder Respekt nicht verdienen, und sind deshalb gegenüber jedem, der Interesse an ihnen zeigt, vorsichtig.

Wenn Sie ein geringes Selbstwertgefühl haben, fällt es Ihnen möglicherweise schwer, darauf zu vertrauen, dass sich andere um Sie kümmern.

4. Unsicherheit

Unsicherheit hinsichtlich des eigenen Aussehens, der Fähigkeiten oder der Einstellung kann zu Vertrauensproblemen führen.

Unsichere Menschen können möglicherweise nicht erkennen, ob sich jemand zu ihnen hingezogen fühlt oder an einer Beziehung interessiert ist. Sie können den

Absichten anderer Menschen misstrauen und davon ausgehen, dass andere sie nicht überzeugend finden.

5. Kontrollschwierigkeiten.

Manche Menschen entwickeln Vertrauensprobleme, weil sie in Beziehungen ein Kontrollbedürfnis haben. Sie sind besorgt über die Unberechenbarkeit ihrer Gefühle, ihres Verhaltens und der Zukunft der Beziehung. Dieses Kontrollbedürfnis kann Misstrauen hervorrufen, da sie nicht glauben können, dass die Dinge auch ohne ihr Eingreifen funktionieren.

6. Bindungsstil

Die Bindungstheorie geht davon aus, dass Erfahrungen mit Bezugspersonen in der frühen Kindheit Einfluss darauf haben, wie Menschen im Erwachsenenalter Bindungen aufbauen.

Frauen mit einem ängstlichen Bindungsstil haben möglicherweise Angst vor dem Verlassenwerden und klammern sich an ihre Beziehungen, was zu Eifersucht und Vertrauensproblemen führen kann. Frauen mit einem vermeidenden Bindungsstil vermeiden möglicherweise emotionale Bindungen und haben aufgrund emotionaler Distanz Schwierigkeiten, anderen zu vertrauen.

7. Emotionaler Ballast, der noch nicht verarbeitet wurde

Ungelöste emotionale Probleme aus früheren Beziehungen, wie Kummer, Traumata oder Meinungsverschiedenheiten, können in neuen Beziehungen wieder auftauchen. Ungelöste Emotionen oder nicht geheilte Traumata können das Urteilsvermögen trüben und zu Grübeln oder Misstrauen führen, was es schwierig macht, einer neuen Beziehung voll und ganz zu vertrauen.

Wenn Sie mit einer Dame ausgehen, die Vertrauensprobleme hat, denken Sie daran, dass Vertrauensprobleme vielfältig sind und von einer Mischung dieser Variablen beeinflusst werden können.

Zur Aufarbeitung von Vertrauensproblemen gehören oft Selbstreflexion, Auseinandersetzung mit dem Partner und vielleicht auch die Suche nach Hilfe bei einem Therapeuten, um die eigentlichen Ursachen anzugehen und Fähigkeiten zu entwickeln, mit denen das Vertrauen in bestehenden Beziehungen wiederhergestellt werden kann.

9 Strategien, um einer Frau zu helfen, die Vertrauensprobleme hat.

Wenn Sie sich fragen, wie Sie mit jemandem ausgehen können, dem es an Vertrauen mangelt, können Sie ihm durch ehrliche Kommunikation helfen.

Wenn Sie wissen, was zu tun ist, ist es einfach, einer Frau mit Vertrauensproblemen zu helfen. Jessica Rileys Buch leistet genau das. Die Lektüre von „Trust Issues" lehrt Partner, wie sie mit Angst, Unsicherheit und Eifersucht in ihren Beziehungen umgehen können.

In der Zwischenzeit sind hier einige Dinge, die Sie tun können, um einer Dame beim Umgang mit Vertrauen zu helfen:

1. Seien Sie offen und ehrlich.

Schaffen Sie eine vertrauensvolle Atmosphäre, indem Sie offen und ehrlich kommunizieren. Teilen Sie Ihre Gefühle, Meinungen und Erfahrungen mit ihr. Zeigen Sie, dass Sie offen sind, alle Probleme zu besprechen, die sie haben könnte. Diese Offenheit ist ein hervorragendes Vorbild für sie, wenn es darum geht, Vertrauen aufzubauen.

2. Aufmerksam zuhören

Aktives Zuhören bedeutet nicht nur, zuzuhören, was sie sagt, sondern auch, ihre Gefühle und Ängste zu verstehen. Empathie und Bestätigung, wie „Ich verstehe, warum du so denkst", können ihr helfen, sich wahrgenommen und geschätzt zu fühlen.

3. Halten Sie ihre Grenzen ein.

Es ist wichtig, ihre Grenzen zu verstehen und zu respektieren. Respektieren Sie ihr Bedürfnis nach Raum oder Zeit, um ihre Gefühle zu verarbeiten, und erkennen Sie alle Grenzen an, die sie bei Diskussionsthemen setzt. Dieser Akt des Respekts zeigt, dass Ihnen ihr Wohlbefinden und ihr Wohlergehen am Herzen liegen.

4. Konsistenz

Möchten Sie wissen, wie Sie jemandem helfen können, der Vertrauensprobleme hat?

Konsequentes Verhalten und Handeln schaffen Vertrauen. Bleiben Sie in Ihren Worten und Taten vertrauenswürdig und beständig. Halten Sie Ihre Versprechen und Verpflichtungen ein, und sie wird wissen, dass sie sich auf Sie verlassen kann.

5. Helfen Sie ihr bei der Heilung.

Ermutigen Sie sie, eine professionelle Therapie in Anspruch zu nehmen, wenn ihre Vertrauensprobleme auf ein früheres Trauma oder ungelösten emotionalen Ballast zurückzuführen sind. Bieten Sie Ihre Hilfe bei der Suche nach einem Therapeuten oder Berater an, der auf Vertrauensprobleme und emotionale Genesung spezialisiert ist.

6. Beruhigung

Sie braucht Bestätigung, um sich in ihrer Beziehung sicher zu fühlen. Bringen Sie ihr immer wieder Ihre Liebe und Hingabe zum Ausdruck. Bekräftigen Sie Ihr Engagement für eine funktionierende Partnerschaft, insbesondere in schwierigen Zeiten.

7. Versuchen Sie, nicht in die Defensive zu gehen.

Vermeiden Sie es, defensiv oder abweisend zu werden, wenn Sie Vertrauensprobleme ansprechen. Gehen Sie stattdessen mit Empathie in die Diskussion. Erkennen Sie ihre Gefühle als legitim an, auch wenn Sie nicht mit ihnen übereinstimmen. Vermeiden Sie Schuldzuweisungen oder

Widersprüche, da dies Vertrauensprobleme verschlimmern könnte.

8. Bitte haben Sie Geduld mit uns.

Es braucht Zeit, um Vertrauen aufzubauen. Seien Sie also geduldig, während sie Ihnen immer mehr vertraut. Erkennen Sie, dass ihre Fragen und Ängste normal sind. Geben Sie ihr die Zeit und den Raum, die sie braucht, um auf ihre eigene Weise Vertrauen aufzubauen.

9. Zusammenarbeit ist entscheidend.

Vertrauen aufzubauen erfordert gemeinsame Anstrengungen. Sprechen Sie offen und ehrlich über Ihre Beziehung. Sprechen Sie ihre Bedenken an und arbeiten Sie zusammen, um Lösungen zu finden. Diese gemeinsame Anstrengung kann ein Gefühl der Sicherheit sowie ein gemeinsames Engagement für den Aufbau von Vertrauen fördern.

Wie gehen Sie also mit Vertrauensproblemen um?

Denken Sie daran, dass die Unterstützung einer Person mit Vertrauensproblemen ein Prozess ist, der Rückschläge mit sich bringen kann. Zeigen Sie weiterhin Ihr Engagement für die Person und die Beziehung. Wenn

Vertrauensprobleme anhalten und sich negativ auf die Beziehung auswirken, suchen Sie professionelle Hilfe, um die Ursachen zu finden und anzugehen.

Fragen & Antworten

Um die Vertrauensprobleme einer Frau besser zu verstehen, untersuchen Sie die folgenden Schlüsselfragen:

Was führt dazu, dass Frauen misstrauisch werden?

Vertrauensprobleme bei Mädchen sind oft das Ergebnis von vergangenen Verrätereien oder Traumata wie Ehebruch, emotionalem Missbrauch oder Verlassenwerden. Auch Kindheitstraumata und mangelndes Selbstwertgefühl können dazu beitragen. Diese Eigenschaften beeinflussen ihre Bereitschaft, in zukünftigen Beziehungen zu vertrauen, und führen zu Skepsis.

Wie gehen Sie mit einem Mädchen um, das misstrauisch ist?

Im Umgang mit einer misstrauischen Frau sind Geduld, offene Kommunikation und Verständnis erforderlich. Bauen Sie Vertrauen auf, indem Sie die Wahrheit sagen, aufmerksam zuhören und Grenzen respektieren.

Ermutigen Sie sie, bei Bedarf professionelle Hilfe in Anspruch zu nehmen, trösten Sie sie und arbeiten Sie gemeinsam daran, Vertrauen aufzubauen.

Ist es möglich, jemanden zu lieben und ihm gleichzeitig zu misstrauen?

Es ist möglich, jemanden zu lieben, ihm aber dennoch nicht zu vertrauen. Vertrauensprobleme können eine Beziehung belasten, aber dennoch kann Liebe bestehen. Um das Vertrauen in einer Beziehung wiederherzustellen, sind Kommunikation, Beständigkeit und Zuspruch erforderlich.

Soll ich mit einer unzuverlässigen Frau ausgehen?

Es ist möglich, mit einer Frau auszugehen, die Vertrauensprobleme hat, aber dazu braucht es Einfühlungsvermögen, Geduld und den Wunsch, ihr zu helfen. Überlegen Sie, wie viel Sie ihr bei der Genesung und dem Aufbau von Vertrauen helfen wollen. Wenn Vertrauensprobleme Ihre Beziehung beeinträchtigen, holen Sie sich professionelle Hilfe.

Sollten Sie in einer Beziehung bleiben, wenn Sie Ihrem Partner nicht vertrauen?

Eine Beziehung ohne Vertrauen aufrechtzuerhalten, kann schwierig sein. Vertrauen ist der Grundstein jeder starken Beziehung. Wenn Vertrauensprobleme bestehen bleiben und Versuche, das Vertrauen wiederherzustellen, erfolglos sind, kann es wichtig sein, die Nachhaltigkeit der Beziehung zu überdenken und Beratung oder Therapie in Anspruch zu nehmen.

Einfach ausgedrückt,

Nach der Lektüre dieses Aufsatzes sollten Sie in der Lage sein, die Anzeichen einer misstrauischen Frau zu erkennen. Wenn Sie merken, dass sie Vertrauensprobleme hat, zeigen Sie ihr Mitgefühl und Sensibilität. Sagen Sie ihr, dass Sie ihre missliche Lage verstehen und ihr helfen möchten, sie zu verbessern.

Vertrauensprobleme von Frauen zu verstehen und damit umzugehen ist eine schwierige und sensible Aufgabe. Das Erkennen der Anzeichen von Vertrauensproblemen ist der erste Schritt zur Schaffung einer hilfreichen und einfühlsamen Atmosphäre. Vertrauensprobleme können als Folge einer Vielzahl von Ereignissen auftreten, wobei die zugrunde liegenden Gründe fest in vergangenen Traumata, Ängsten und Bindungsmustern verankert sind.

Der Umgang mit Vertrauensproblemen erfordert Geduld, ehrliche Kommunikation und den Einsatz für die Wiederherstellung des Vertrauens. Es ist wichtig, sich daran zu erinnern, dass Vertrauensprobleme eine Person nicht definieren und dass Heilung und Entwicklung mit der richtigen Hilfe und dem richtigen Wissen möglich sind.

Schließlich ist der Aufbau einer sicheren und vertrauensvollen Beziehung eine gemeinsame Pflicht, die zu einer intimeren und bedeutungsvolleren Verbindung zwischen Paaren führen kann.

5 Möglichkeiten, mit einem paranoiden Partner umzugehen.

Eine Beziehung zu führen ist ein schwieriges Unterfangen. Um eine Beziehung aufzubauen, muss man hart arbeiten, vertrauen, ehrlich sein, aneinander glauben und sich lieben.

Jeder Mensch ist einzigartig und damit eine Beziehung funktioniert, müssen beide Seiten einander so akzeptieren, wie sie sind. Manchmal kommt ein Paar gut miteinander aus, aber eine seiner Eigenschaften kann die Beziehung belasten.

Paranoia ist eine dieser Eigenschaften. Wie würden Sie also mit einem paranoiden Partner umgehen?

Bedenken Sie, dass Ihr Partner von Zeit zu Zeit Zuspruch braucht, bei jedem Gespräch mithört, Ihr Verhalten in Frage stellt und oft kein Vertrauen in Sie hat. Es ist zwar verlockend, diese Probleme zu ignorieren, aber wiederholtes Verhalten kann alles ruinieren.

Kapitel 11

Echte Geschichten von Menschen, die PPD überwunden haben

Hallo und willkommen in unserem Universum. Überlebende von perinatalen Stimmungs- und Angststörungen, einschließlich postnataler Depression, haben sich entschieden, ein weiteres Kind zu bekommen. Einige von uns haben große Fortschritte gemacht, während andere noch warten. Sie werden später mehr darüber erfahren. Fürs Erste möchte ich, dass Sie sich hinsetzen, entspannen und vielleicht sogar eine Tasse Tee trinken, bevor Sie die Menschen treffen, die mein Leben verändert haben.

Amy Brannan ist eine bekannte Schauspielerin.

Amy hat eine viereinhalbjährige Tochter und möchte eine weitere adoptieren. Sie und ihr Ehemann sind seit fünf Jahren verheiratet und leben im Bundesstaat Washington. Amys Anmerkungen finden Sie unten.

Bis mein Kind fünf Monate alt war, habe ich nichts bemerkt. Ich habe viele Ärzte aufgesucht, weil ich den Verdacht hatte, dass etwas nicht stimmte, aber keiner hat mir eine postnatale Depression vorgeschlagen, die für mich nach wie vor am schwersten zu akzeptieren ist. Irgendwann habe ich angefangen, selbst zu recherchieren und bin auf eine PPD-Website gestoßen, auf der jedes Symptom dokumentiert ist.

Mein Mann und ich gingen 2008 zum Arzt und bei mir wurden eine postnatale Depression, Angstzustände und Zwangsstörungen diagnostiziert.

Ich begann mit der Therapie und den Medikamenten, als mein Kind 10 Monate alt war. Das ging 2,5 Jahre lang so. Ende 2010 ging es mir nicht besser und ich fühlte mich gefangen, als hätte ich den Berg fast überwunden. Man empfahl mir, einen Psychiater aufzusuchen, der mir wirklich half.

Ich begann auch, nach Frauen zu suchen, die an einer postnatalen Depression leiden/hatten. Dabei stieß ich auf PPD-Blogs und sah das Licht am Ende des Tunnels.

Facebook, PPDChat und dieses Netzwerk überlebender Mütter haben mein Leben und meinen Verstand gerettet und mir ermöglicht, meine Situation zu akzeptieren und anderen zu helfen. Um mit dem Schreiben als einer Art Selbstbehandlung zu beginnen, habe ich meinen eigenen Blog für PPD-Überlebende gestartet. Ich komme immer noch mit der Angst und Traurigkeit zurecht, die durch PPD ausgelöst wird, aber es ist keine PPD mehr. Wir haben uns entschieden, aufgrund der Schwere meiner postnatalen Depression nicht wieder schwanger zu werden, deshalb stehen wir jetzt auf der Warteliste für unser nächstes Kind! Das war die schwerste Entscheidung, die ich treffen musste: nicht wieder schwanger zu werden, während ich mich am Boden zerstört, unzulänglich und als Versagerin fühlte.

Ich möchte Frauen versichern, dass jeder Weg einzigartig ist und jede Frau unterschiedliche Symptome hat. Ich möchte Frauen versichern, dass sie weder beschädigt noch seltsam sind und auch keine Versagerinnen als Mütter oder Ehefrauen sind. Ich bin der Beweis dafür, dass Schuldgefühle ein sehr negativer Aspekt von PPD sein können. Ich möchte darüber sprechen, wie man nach PPD „nicht" wieder schwanger wird und wie Frauen diese Entscheidung treffen. Ich wollte unbedingt darüber lesen und konnte letztes Jahr, als ich am meisten zu kämpfen hatte, nichts darüber finden.

Ich möchte andere Frauen erreichen, die wie ich eine Behandlung suchten, als sie dachten, sie hätten den Tiefpunkt erreicht. Frauen, die sich nicht sicher sind, was mit ihnen los ist, und sich allein fühlen. Ich möchte ihre Familien unterstützen und ermutigen, insbesondere ihre Ehemänner. Ohne meinen liebevollen und unterstützenden Ehemann hätte ich das nicht geschafft.

Deborah Rimmler .

Deborah ist Mutter zweier Söhne und Ehefrau. Lernen Sie Deborah kennen.

In dieser Serie möchte ich mit Ihnen teilen, was wir als Gruppe und als Einzelne herausgefunden haben, während wir daran gearbeitet haben, für uns und unsere Familien eine neue postpartale Erfahrung zu schaffen. Ich hoffe, dass wir alle Mütter erreichen können, die nach der Geburt ein Kind bekommen möchten. Diejenigen, die nach einem Kaiserschnitt oder einer VBAC erfolgreich eine vaginale Geburt hatten. Wir sind „BAPPD"-Überlebende (Baby After PPD), die Hoffnung verbreiten möchten.

Frau Grace Parsons

Grace und ihr Mann sind seit acht Jahren verheiratet. Sie haben einen 3 ½ Jahre alten Sohn und ein neugeborenes Kind, das im Oktober 2011 geboren wurde. Sie stammt aus Oregon und lebt seit 2006 in Mexiko. Grace ist eine Freundin von mir.

Von Dezember 2008 bis September 2010 litt ich unter den schlimmsten postnatalen Depressionen und Angstzuständen. Ich möchte meine Erfahrungen mit postnatalen Ansätzen besprechen, die mir bisher geholfen haben, bei meinem zweiten Kind gesund zu bleiben, mit der Kommunikation mit meinem Ehepartner, pränatalen Medikamenten und Selbstfürsorge. Ich hoffe, wir können Mütter erreichen, die an PPD leiden, und ihnen Hoffnung auf Genesung und Heilung geben. Ich hoffe auch, dass Mütter, die erwägen, ein weiteres Kind zu bekommen, sich ermutigt und bestärkt fühlen, dies zu tun. Sie können genesen!

Kate Ferguson

Kate, eine verheiratete Frau mit zwei Kindern, lebt in den USA. Nach ihrer ersten Schwangerschaft litt sie an PPA/PPD. Hier ist Kate, meine Freundin im echten Leben.

Ich hatte Warnsignale und suchte Hilfe, aber sie war schwer zu finden. Es ist zu schwierig. Das hat mein Leben verändert, sowohl beruflich als auch emotional. Ich bereitete mich auf die Schwangerschaft und die Zeit danach mit meinem zweiten Kind vor und hatte sie gut. Sechs Monate später ging es mir besser und ich kehrte zu einem Job zurück, den ich während meiner postnatalen Depression aufgegeben hatte. Zu meinem Beruf gehört die Beratung und Fürsprache für Mütter mit PPD. Der Kreis schließt sich und es ist sehr erfüllend.

Ich möchte das Bewusstsein für Risikofaktoren schärfen und andere dazu drängen, sich behandeln zu lassen. Darüber hinaus wäre es sinnvoll, all die vielen Möglichkeiten hervorzuheben, die wir wählen, um mit einer Schwangerschaft nach einer PPD umzugehen, und wie sinnvoll jede davon war/ist. Ich möchte Frauen erreichen, die denken, dass sie es nicht mögen, Mutter zu sein, sowie verlorene Angehörige, die nicht verstehen, was los ist, und sich nicht behandeln lassen.

Ich wollte schon immer drei Kinder. Mein nächstes Kind soll am 3. Mai 2012 zur Welt kommen, also stürze ich mich mit offenen Augen wieder in die Sache.

Susanne Stanard

Suzanne ist Mutter zweier Söhne. Bei ihrem ersten Kind überwand sie postnatale Depressionen und Angstzustände, bei ihrem zweiten Kind ist sie gerade dabei, diese zu überwinden. Sie stammt ursprünglich aus North Carolina. Lassen Sie mich Suzanne vorstellen.

Eines der wichtigsten Dinge, die ich bei der Geburt meines ersten Kindes gelernt habe, war, dass man sich Hilfe holen muss, wenn man den Verdacht hat, dass etwas nicht stimmt.

Ich habe länger gewartet, als ich zugeben wollte, aber als ich den ersten Schritt getan hatte, war die Erleichterung sofort spürbar. Ich hatte Glück, dass ich beim zweiten Mal keine PPD/A bekam, weil ich mich gut vorbereitet hatte (wir wussten alle, worauf wir achten mussten). Ich hoffe wirklich, dass wir mit dieser Serie Frauen erreichen können, die an einer pränatalen psychischen Störung gelitten haben und aufgrund ihrer Erfahrung Angst haben, ein weiteres Kind zu bekommen. Es ist furchterregend. Es kann aber auch fantastisch sein.

Yuz Yuz Rozenblum lebt jetzt in Melbourne, Australien. Sie ist seit vier Jahren verheiratet und hat drei Schwangerschaften und zwei Kinder hinter sich, die beide in der 36. Woche mit einem Gewicht von knapp über 2 kg zur Welt kamen und beide Probleme beim Füttern hatten, wobei das zweite schlimmer war als das erste, und bei ihr wurde später Laryngomalazie (schlaffer Kehlkopf) diagnostiziert. Yuz's Aussagen lösen oft Lachen und in seltenen Fällen auch Tränen aus.

In der 36. Woche kam meine Tochter unerwartet zur Welt. Nach der Geburt wurden wir getrennt und sie blieb nach meiner Entlassung noch fünf Tage im Krankenhaus. Als meine Tochter fünf Wochen alt war, wurde bei mir offiziell eine postnatale Depression (in Australien PND) und eine postnatale Depression (PNA) diagnostiziert und ich wurde für drei Wochen in die Eltern-Kind-Abteilung einer psychiatrischen Anstalt (die ich liebevoll Irrenhaus nannte) eingewiesen. In den folgenden neun Monaten ging ich regelmäßig in das Irrenhaus und wurde Teil des Betreuungsprogramms, bei dem mich alle zwei Wochen ein Mitarbeiter zu Hause besuchte, um nachzusehen, wie es mir ging.

Mitte 2010 beschlossen wir, noch ein Kind zu bekommen, und ich wurde kurz darauf schwanger. Unser Sohn kam in der 36. Woche per geplantem Kaiserschnitt zur Welt, nach einer schwierigen Schwangerschaft (zweigeteilte Plazenta,

Placenta praevia und Vasa praevia, wobei letztere meinem Kind eine 20-prozentige Überlebenschance gab, falls meine Fruchtblase plötzlich platzte). Ich wurde in der 34,5. Woche ins Krankenhaus eingeliefert, hatte in der 36. Woche einen geplanten Kaiserschnitt und wurde fünf Tage später mit meinem Mann entlassen. Mein Kind wurde nach anderthalb Wochen wieder ins Krankenhaus eingeliefert , mit nur 50 g Gewichtszunahme, und blieb neun Wochen, bis bei ihm in der 11. Woche (schließlich) Laryngomalazie (schlaffer Kehlkopf) diagnostiziert wurde. Ich begleitete ihn während seines gesamten Krankenhausaufenthalts.

Ich möchte mit meiner Geschichte anderen Überlebenden einer postnatalen Depression zeigen, dass ein glückliches Ende möglich ist. Es ist nicht Ihre Schuld, wenn Sie perinatale Stimmungs- oder Angstprobleme haben; Sie haben nicht darum gebeten, und es ist nicht dauerhaft. Die Tatsache, dass es uns beim zweiten Mal schlecht ging, hatte nichts mit meinem emotionalen Zustand zu tun. Meine Liebe und Hingabe zu meinem Kind haben nie nachgelassen. Aus praktischer Sicht möchte ich darauf vorbereitet sein, zu besprechen, wo und wie Sie in Australien die benötigte Hilfe erhalten können. Wir haben wunderbare Instrumente und ein fantastisches Gesundheitssystem, die es einfach machen, die gewünschte Hilfe zu suchen und zu erhalten, ohne eine weitere Hypothek aufnehmen zu müssen. Auf emotionaler Ebene würde ich Mütter dazu raten, im Voraus Pläne zu machen, um ihre Chancen auf eine positive Erfahrung zu erhöhen.

Meine Tochter war der Katalysator für meine sorgfältigen Vorbereitungen. Ich wollte nicht, dass sie mich zusätzlich zu meinem Bruder durch eine noch schwierigere Übergangsphase kämpfen sah.

Mein zweites großes Ziel war es, meinen Mann von der Last zu befreien, sich um ein Kleinkind, ein Baby und eine kränkliche Frau kümmern zu müssen.

Amber Koter-Puline , eine berufstätige Mutter von zwei Kindern, arbeitet Teilzeit. Ambers erstes Kind wurde 2007 geboren und sie hatte eine erhebliche postnatale Reaktion. Seitdem sie sich mit der entsprechenden Behandlung und Pflege erholt hat, liegt ihr Hauptaugenmerk darauf, werdende und junge Mütter zu unterstützen und über die postnatale Phase und das Leben als Erstgebärende aufzuklären. Amber ist für die

Betreuungsdienste für junge Mütter und postnatale Betreuung in der Region Atlanta verantwortlich. Sie lebt mit ihrem Mann und zwei Söhnen in Atlanta.

Nachdem Amber während der Schwangerschaft mit ihrem zweiten Sohn eine perinatale Stimmungs- oder Angststörung überwunden hatte, wollte sie ein Netzwerk von Eltern aufbauen, die sich während der Schwangerschaft, bei Kinderwunsch oder bei einer Adoption gegenseitig unterstützen konnten. Diese Veranstaltung war für sie wirklich von Nutzen.